제러미 리프킨 Jeremy Rifkin

펜실베이니아대학교 와튼경영대학원
을 설립하여 새로운 기술이 경제, 환경, 사회문화에 미칠 영향력을 알리고 있
다. 지난 15년간 유럽연합 자문으로 활동해왔으며 중국의 생태 문명 자문과
사르코지 프랑스 전 대통령과 메르켈 독일 총리, 사파테로 스페인 전 총리 등
의 공식 자문 역할을 했다. 영향력 있는 미래학자이자 세계적인 베스트셀러
작가로 《엔트로피》《유러피언 드림》《노동의 종말》《3차 산업혁명》《한계 비
용 제로 사회》《글로벌 그린 뉴딜》등의 저서가 있다.

원톄쥔溫鐵軍

현재 중국 사회변화를 이끄는 가장 주목받는 지식인으로, 개혁개방 이후 중
국 사회가 성장과 효율을 내세울 때 농촌 문제의 심각성과 중요성을 주장해
국가 핵심 의제로 만든 학자이자 실천가이다. 1968년 문화대혁명 당시 11년
동안 노동자, 농민, 군인으로 일했다. 1983년 런민대학교 신문학과를 졸업하
고 1999년 중국농업대학에서 박사 학위를 받았다. 20년 넘게 여러 중앙 정책
싱크탱크에서 연구했으며, 30여 개 국가의 국제조직, 학술 집단에 자문해왔
다. 현재는 푸젠농림대학교 농촌재건대학 학장이자 신농촌건설연구소 최고
책임자이며, 난시대학교 중국 농촌재건대학 학장을 겸직하고 있다. 《백년의
급진》《여덟 번의 위기》등의 저서가 있다.

장하준

영국 케임브리지대학교 경제학과 교수. 2003년에 신고전학파 경제학에 대한
대안을 제시한 경제학자에게 주는 뮈르달상을, 2005년에 경제학의 지평을
넓힌 경제학자에게 주는 레온티예프상을 수상함으로써 세계적인 경제학자
로서 명성을 얻었다. 2005년에는 대한민국 대통령자문정책기획위원회 위원
을 지냈으며, 2014년, 영국의 정치 평론지 〈프로스펙트〉가 선정한 '올해의 사
상가 50인'에 오르기도 했다. 주요 저서로는 《사다리 걷어차기》《개혁의 덫》
《쾌도난마 한국 경제》《그들이 말하지 않는 23가지》《나쁜 사마리아인들》
《장하준의 경제학 강의》《국가의 역할》등이 있다.

(뒷면지에서 계속)

오늘부터의 세계

세계 석학 7인에게
코로나 이후 인류의 미래를 묻다

오늘부터의 세계

세계 석학 7인에게
코로나 이후 인류의 미래를 묻다

제러미 리프킨

원톄쥔

장하준

마사 누스바움

케이트 피킷

닉 보스트롬

반다나 시바

제러미 리프킨 외 인터뷰
안희경 지음

메디치

포스트 코로나,
위기에서 만들어지는 새로운 질서

위기는 약한 고리를 강타하고 취약한 사람들을 먼저 쓰러트린다. 지금껏 그래 왔다. 미약하지만 조금이라도 막고 싶었다. 내가 할 수 있는 일은 질문을 던지는 일이기에 지혜를 갖춘 이들의 혜안을 빌리고자 노력했다. 그들의 답은 전에도 그랬듯 무수히 많은 질문으로 다시 돌아왔다. 어차피 답은 우리의 선택과 행동으로만 완성되는 속성을 갖는다. 그들은 우리가 스스로에게 묻고 각자의 답을 정하도록 길을 안내하며 자극했다. 다수의 지구인이 강제적 혹은 자발적 고립의 시간을 보내는 이때, 우리가 할 수 있는 최선의 출발은 '생각하기'라 여기기에 7인의 석학과 함께했다. 그리고 7인에 포함되지는 않았으나 역사학자 유발 하라리도 기획의 취지에 공감하며 전언을 보내왔다. 이 글의 끝에 그 전문을 싣는다.

《오늘부터의 세계》를 본격적으로 준비하기 시작한 때는 2020년 3

월 하순이다. 세계 곳곳에서 번지는 감염병의 불길을 차단하고자 거의 모든 대륙이 봉쇄를 선언했다. 바이러스 위기는 경제 위기로 치닫고, 혐오는 윤리 위기로까지 번졌으며 정치 지도력은 시험대에 올랐다. 허둥거리는 정책, 갈팡대는 방역 속에서 '왜 21세기에 역병이 창궐했는가?'라는 질문은 뒷전으로 밀려나 있었다. 원인 규명과 동시에 떠오른 인물이 제러미 리프킨과 반다나 시바였다.

2014년 인터뷰에서 리프킨은 기후변화로 지구의 물순환이 바뀌고 생태계 교란이 일어나면서 인간의 문명이 빈번한 재앙을 맞을 것이라 경고했다. 반다나 시바 역시 2017년 인터뷰에서 지구 생물의 3분의 1이 사라진 오늘, 인간은 지구의 몸살을 온몸으로 받아내며 권력에 상관없이 평등한 고통을 경험하는 지독한 시간을 겪을 수 있음을 알렸다. 리프킨은 코로나19를 가리켜 기후변화로 서식지가 파괴된 모든 생물이 대대적인 이주를 하고 있다는 증거라고 했다. 반다나 시바 또한 지난 30년 동안 300여 개의 감염병이 숲에서 나왔다는 거부할 수 없는 과학적 진실을 지적했다. 생태계 파괴가 부른 인간 문명의 위기다. 바로 개발과 이윤으로 치닫는 경제 질서가 초래한 위기이며, 이 질서를 뒷받침하는 화석연료 문명의 부작용인 것이다.

코로나19 위기는 경제를 폭풍처럼 뒤흔들어 놓았다. 새로운 경제 질서가 필요하다는 요구가 전면에 부상했다. 지난 10년 동안 유럽과 중국의 중앙정부를 비롯해 한국을 포함한 세계 곳곳의 시민사회와 지방정부에서 구체적인 대안으로 자리 잡은 그린 뉴딜을 우리의 정책 논의 테이블 위로 올려야 했다. 제러미 리프킨과 인터뷰를 했던 또 다른 이유였고, 그는 재생에너지 중심으로 산업 인프라를 재편하는 그린 뉴딜과 3차 산업혁명을 역설했다. 그에 따르면 화석연료에 기반해 수직적으로 통합된 글로벌 기업은 시효를 다했다. 3차 산업혁명은 "수백만의 중소기업과 지역공동체에서 민주적으로 운영되는 협동조합"을 중심으로 하는 글로컬라이제이션glocalization, 즉 지역 중심 세계화로 우리를 이끌 것이다.

식량 위기까지 가늠해보고자 인터뷰를 요청했던 농업 경제학자 원톄쥔 역시 세계화된 경제가 지역 중심으로 재편될 것이라 내다보았다. 다만 그의 지역 중심 세계화는 리프킨과 달리 더 큰 지역 통합으로 같은 대륙 안에서 자본과 노동, 자원이 하나의 생산 체계를 이루는 형태다. 북아메리카, 유럽, 아시아가 세계경제의 축이 되는 삼각형 경제 구조로 전환될 것이라고 했다. 이런 탈세계화 움직임 속에서 반다나 시바는 모든 이들의 안녕을 확보하는 정치 개념으로 지구 민주주의를 제시했다. 이는 모든 생명이 살아갈 권리를 확보하고 공동체 스스로 결정함으로써 자연과의 연결성을 회복하는 생태 중심 정치 체제다.

그렇다면 당장 한국 사회는 무엇을 해야 하는가? 우리의 문제를 중심에 두고 외부에서 밀려드는 압력을 보고자 했다. 장하준은 같은 압박 속에서도 복지가 잘된 나라의 고통의 총량이 그렇지 않은 나라의 그것과 다르다는 점을 상기시켰다. 수많은 묵은 의제들이 정책 테이블 위에 오른 지금이야말로 불평등이 '노멀'이 되어버린 사회를 치료할 기회임을 강조했다. 우리는 코로나19를 겪으며 이 사회를 돌아가게 만드는 핵심 인력의 존재를 인식했다. 장하준은 대부분이 저임금인 이들의 노동을 재평가하는 데서부터 시작해 성장의 과실을 고루 나누는 재정과 분배 정책이 필요할 때라고 말했다. 부족한 사회 안전망과 계급의 세습, 높은 자살률과 낮은 출생률 등 한국 사회가 봉착한 문제를 거론하며 코로나 이후 나아가야 할 방향을 구체적으로 제시했다.

코로나19 바이러스가 지역사회 속으로 급속히 퍼져나가고 있을 때, 위태로운 공공의 안전을 지키기 위해서라면 개인의 자유는 외면해도 괜찮은 사안으로 다뤄졌다. 자유와 안전의 균형을 찾아야 한다고 생각했다. 또한 물리적 위협으로까지 나타난 혐오의 실체도 반드시 드러낼 필요가 있었다. 법철학자 마사 누스바움을 찾은 이유다. 그는 "모두가 인간으로서 품격을 누리는 삶의 기본을 보장받는다면, 세상의 두려움은 줄어들 것"이고, "두려움이 줄면 혐오도 줄어든다"고 말했다. 우리는 두려움에 사로잡힐 때, 손쉽게 탓할 대상을 사냥한다. 누스바움은 사회가 개인을 보살필 것을 요청했다.

공중 보건 전문가인 케이트 피킷 역시 사회 안전망을 강화할 것을 요구했다. 지금 코로나19에 대해 밝혀진 단 하나의 진실은 기저 질환이 있는 사람들이 취약하다는 점, 사회에서 밀려난 사람들이 앓는 질환이 코로나 바이러스 치사율을 높이고 있다는 점이기 때문이다. 그는 병원은 오직 치료를 하는 곳이라는 점을 강조하며 공공의 건강을 위해서는 경제 사회적 불평등을 줄여나가는 최선의 방역 정책을 추진해야 한다고 말했다.

코로나19로 모든 의제가 수렴되는 상황이지만 우리 앞에는 또 다른, 어쩌면 팬데믹보다 더 파괴적일 수 있는 위험 요소가 있다. 옥스퍼드대학교 인류미래연구소 소장인 닉 보스트롬을 찾아 인류의 미래를 위협하는 제2, 제3의 시나리오와 그에 대한 대책을 물었다. 그는 지구적 조정 능력이 부재한 상황에서 핵무기나 기후변화, 그리고 바이오, 인공지능 기술이 인류를 실체적으로 위협할 수 있다고 경고하며 중대한 지구적 문제를 공동으로 해결할 글로벌 거버넌스 체계를 마련해야 한다고 강조했다.

'뉴 노멀'(새로운 표준)이라는 말이 회자되고 있다. 무엇이 새로운 표준이 될 것인가에 대한 의문이 팽배하다. 하지만 우리는 안다. 광야에서 버선발로 달려와 우리를 구원할 초인도, 벼락같이 내리꽂히는 번영의 새 질서도 없다는 것을. 그럼에도 과연 오늘 인류가 집단적으로 경험하고 있는 이 모든 사건들에서 어떤 미래가 펼쳐질 것인가에 대한 의문은 사그라들지 않는다. 그에 대한 답을 역사학자 유발 하라리에게 들었다. 인간에 대한 역사적인 고찰을 해왔고, 인류의 미래 가능성을 연구해온 그이기에 기획 초기부터 10여 개의 문항을 담아 그에게 인터뷰 요청을 했다. 그는 5월부터 모든 언론 인터뷰를 중지하고 연구에 들어간다고 밝히며, 보낸 질문과 관련된 짧은 글을 보내왔다. 3월 24일 코로나19 한복판에서 작성한 글이다.

코로나19 위기는 우리 시대의 결정적인 순간으로 자리 잡아가고 있습니다. 이 위기는 모든 순간을 낚아채어 결정적으로 만듭니다. 역사는 가속도가 붙어 질주합니다. 오래된 규칙은 산산조각 나고, 새로운 규칙은 아직 쓰이지 않았습니다. 결과적으로 코로나19 이후의 세상이 어떠할 것인지 예측하기란 불가능해졌습니다. 확실성은 바닥을 쳤고, 선택의 자유는 최고치에 도달했습니다. 한 달 전만 해도 완전히 비현실적으로 보였던 일들이 갑자기 이루어지고 있습니다. 우리는 수십억 사람들을 대상으로 하는 전대미문의 사회적 실험을 강요받고 있으며, 날것의 제안들이 권력의 회랑 안으로 들어와 있습니다.

예를 들어 제가 근무하는 대학교에서는 몇 개의 온라인 과정을 개설하는 안건을 두고 수년 간 토론해왔습니다. 하지만 많은 문제점과 반대에 부딪혀 이를 실행하지 못했습니다. 열흘 전 이스라엘 정부는 모든 대학 캠퍼스를 폐쇄하라는 명령을 내렸습니다. 단 일주일 만에 우리 학교는 모든 과목을 온라인으로 옮기는 시스템을 구축했습니다. 어제 저는 수업 세 개를 온라인으로 진행했고, 꽤 잘 운영되었습니다. 이 위기가 지나가고 저는 우리 대학이 보름 전 상태로 돌아가리라 생각하지 않습니다.

또 다른 예로 최근 몇 년 동안 일부 전문가들은 정부가 모든 시민에게 '기본 소득'을 지급하는 방안에 대해 이야기했습니다. 정치인 대부분은 이를 이상주의자의 순진함으로 치부했습니다. 그들은 소규모로 실험해보자는 제안조차 물리쳤습니다. 지금은 심지어 강경

한 보수주의 정부인 미국마저 모든 미국 시민에게 위기 기간 동안 기본 소득을 지급합니다. 실험의 결과는 어떻게 될까요? 아무도 모릅니다. 그렇지만 우리는 곧 배울 겁니다. 온 세상의 사회 경제 구조가 영구히 바뀔 수도 있다는 것을.

저는 이 실험들 가운에 무엇이 성공할 것이며 정확히 어떤 영향력을 만들어낼 것인지에 대해 예측하려 들지 않을 겁니다. 대신 우리가 역사적인 웜홀wormhole(우주 공간에서 블랙홀과 화이트홀을 연결하는 통로를 의미하는 가상의 개념으로 시공간의 다른 지점을 연결하는 고차원적인 구멍을 뜻한다)에 들어섰다는 점을 강조하고 싶습니다. 역사의 정상적인 법칙들은 중단되었습니다. 몇 주 전만 해도 불가능했던 일이 평범한 일로 자리 잡았습니다. 한편으로 이는 우리가 더 신중해야 한다는 뜻이기도 합니다. 자칫 폭군들이 민주주의 안에서 권력을 잡고, 그리하여 디스토피아가 도래해 우리를 짓누를 수 있는 시간입니다. 그러나 다른 한편으로 우리는 반드시 스스로에게 꿈을 갖도록 허락해야 합니다. 지금은 한참 전에 이뤄야 했던 개혁을 감행할 수 있는 시간이며, 불의한 구조를 바로잡을 수 있는 시간입니다. 올해 말이면 우리는 새로운 세상 속에서 살 겁니다. 그것이 더 나은 세상이기를 희망합니다.

유발 하라리의 답변을 받고 3년 전에 타계한 지그문트 바우만의 말이 떠올랐다. 2014년 인터뷰에서 그는 안토니오 그람시의 말을 인용하며 "왕은 죽었고 새 왕은 오지 않았다"라고, 빠른 세상 흐름 속에서 불안에 휩싸인 우리가 사는 시간을 '인터레그넘interregnum', 즉 궐위의 시간이라고 했다. 역사 속에서 우리는 수많은 궐위의 시간을 맞이했다. 그 시간들 가운데는 역사의 분기점으로 작용했던 파괴의 순간, 혹은 변혁의 순간이 있었다. 어떤 시간 속에서 역사는 진전했고, 어떤 시간 속에서 역사는 다시 퇴행했다. 그러니까 오늘 우리가 맞은 아직 쓰이지 않은 이 시간도 숱하게 흘려보낸 과거 '궐위의 시간들' 위에 있는 것일 수 있다. 반복하여 놓쳐버린, 역사를 새롭게 쓸 기회이다.

나는 역사를 밀고 가는 주인공은 무수한 개인이라고 생각한다. 오늘 수많은 개인이 내린 선택의 집합 속에 내일 우리가 살아갈 밑그림이 펼쳐지고 있다고 여긴다. 내일은 오늘의 생각과 선택 속에 이미 있다. 그러니 우리의 미래는 여기 우리의 치열함 속에서 출발하고 있는 것이다. 모두에게 행운을!

'코로나 이후의 세상'은 이미 우리 안에 도래해 있다.

2020년 6월
안희경

차례

화석연료 없는
문명이
가능한가

"화석연료 문명은 채굴하고 추출하고 정제해서 제품을 생산하는 역사상 가장 비싼 에너지 체제입니다. 우리가 창조한 이 인프라 때문에 우리 모두와 미래 세대까지 고통받고 있습니다."

제러미 리프킨
Jeremy Rifkin

펜실베이니아대학교 와튼경영대학원 교수. 비영리조직인 경제동향연구재단을 설립하여 새로운 기술이 경제, 환경, 사회문화에 미칠 영향력을 알리고 있다. 그는 공공의 이익 수호에도 많은 관심을 기울이며 최근에는 우리 문명이 맞닥뜨린 지구적 위기를 타개하고자 재생 가능한 에너지로 경제 패러다임을 바꿔내는 작업을 하고 있다. 이는 지방정부나 국가 단위의 과업으로, 산업 구조를 재편하는 일이다. 지난 15년간 유럽연합 자문으로 활동해왔으며 중국의 생태 문명 자문과 사르코지 프랑스 전 대통령과 메르켈 독일 총리, 사파테로 스페인 전 총리 등의 공식 자문역을 했다. 영향력 있는 미래학자이지 세계적인 베스트셀러 작가로 《엔트로피》《유러피언 드림》《노동의 종말》《3차 산업혁명》《한계비용 제로 사회》《글로벌 그린 뉴딜》등의 저서가 있다.

그린 뉴딜에 대한 관심이 뜨겁다. 그린 뉴딜은 유럽연합을 비롯해 중국과 캘리포니아, 미국 하원을 중심으로 세계 각지에서 진행하는 산업 인프라 개혁 프로젝트로, 화석연료 중심의 에너지 구조를 재생에너지로 전환하여 지속 가능한 발전을 도모하려는 기획이다. 한국 정부 역시 코로나19 위기를 극복하기 위해 한국판 뉴딜의 방향성을 발표하며 디지털을 기조로 '그린'을 추가하겠다고 발표한 바 있다. 그럼에도 오랫동안 그린 뉴딜을 요구해온 시민단체와 지역사회는 지속 가능한 문명을 위한 해법으로는 여전히 부족하다고 평가한다.

그린 뉴딜에 대한 정확한 이해와 구체적인 설계가 요구되는 상황이다. 과연 그린 뉴딜은 무엇이며, 무엇이 우리로 하여금 그린 뉴딜로 달려가게 만드는지, 궁극적으로 모두의 안전을 위해 지금 우리가 내려야 할 선택이 무엇인지를 살펴보고자 한다. 제러미 리프킨에게 절박한 마음으로 연락을 취했던 때는 코로나 위기가 전 지구적인 경제 위기로 치닫기 시작한 4월 6일이었다. 그리고 4월 20일 워싱턴 DC 자택에서 이동 제한령을 따르고 있는 그와 전화 인터뷰를 했다.

화석연료에 기초한 문명이
코로나19 위기를 가져왔다

코로나19 위기의 주요 원인을 뭐라고 생각하십니까?

기후변화입니다.

코로나19 바이러스가 퍼지자 서구 언론에서는 아시아와 아프리카에서 야생동물을 식용하기 때문에 계속해서 감염병이 발생한다고 비난했습니다.

아니에요. 기후변화로 생긴 모든 결과가 팬데믹을 만든 겁니다. 원인은 크게 세 가지로 나눠볼 수 있습니다. 첫째는 물순환 교란으로 인한 생태계 붕괴입니다. 우리는 물로 가득 찬 행성에 살고 있어요. 생태계는 구름으로 순환하는 물과 눈, 비에 의존합니다. 지구온난화로 지구의 물순환이 바뀌고 있습니다. 지구가 1도씩 뜨거워질 때마다 대기는 7퍼센트씩 더 많은 강수량을 빨아들입니다. 열은 구름이 지표에서 강수를 더 빨리 취하도록 몰아칩니다. 그래서 통제가 어려운 물난리를 겪는 겁니다. 그 거칠고 극단적인 현상 속에 가뭄과 산불도 일어납니다. 미국은 작년에 캘리포니아의 3분의 1에 해당하는 지역이 산불에 휩싸였어요. 호주는 그 두 배였고요.

한국이 캘리포니아의 3분의 1 크기이니 우리 영토만큼 불에 타버렸고, 호주는 한반도 전체가 불길에 휩싸인 규모입니다.

생태계가 변화하는 물순환을 따라잡지 못하고 붕괴하고 있습니다. 둘째는 인간이 지구에 남은 마지막 야생의 터를 침범하고 있어서예요. 1900년만 해도 인간이 사는 땅은 전체의 14퍼센트 정도였어요. 지금은 77퍼센트에 육박합니다. 야생은 23퍼센트만 남았어요. 인간은 야생을 개발해 단일 경작지로 사용하고, 숲을 밀어버리고, 소를 키워 소고기를 생산합니다. 이것도 기후변화를 유발합니다. 셋째, 야생 생명들의 이주가 시작됐습니다. 인간들이 재난을 피해 이주하듯 동물뿐 아니라 식물, 바이러스까지 기후 재난을 피해 탈출하고 있어요. 서식지가 파괴됐기 때문에 인간 곁으로 왔고, 바이러스는 동물의 몸에 올라타서 이동했죠. 최근 몇 년 동안 사스, 메르스, 에볼라, 지카와 같은 팬데믹이 발생한 이유입니다. 세계보건기구, 미국의 질병통제예방센터, 세계은행 등에서 오랜 연구를 통해 지구의 공중 보건이 위기임을 알고 있어요. 그러니까 지금 시장에서 야생동물을 산다면 바이러스가 붙어 있는 야생동물을 사는 거죠.

기후변화로 야생동물이 바이러스의 중간 매개체가 된 것인데, 미개한 문화가 바이러스를 끌어들였다는 혐오가 오히려 본질을 호도하고 있군요.

앞으로 더 많은 감염병이 창궐할 겁니다. 이제는 팬데믹이 올 때마다 1년 반 정도 봉쇄될 것을 예상해야 해요. 초기 단계에서 봉쇄를 해도 약 6개월 뒤에는 두 번째 파고가 찾아옵니다. 초반에 완전히 봉쇄하지 않으면 두 번째 파고는 훨씬 심각합니다. 그다음에 백신이나 항체가 나오길 기다려야 하지요. 대략 1년에서 1년 반 정도 걸립니다. 그렇다고 모든 사람이 그 안에 백신 접종을 받을 수 있는 것도 아닙니다. 그러기까지 또 시간이 필요합니다. 우리는 경제를 새로 조직하고 사람들과 만나는 사회생활 그리고 통치 방식까지 재정립할 필요가 있습니다.

사스나 메르스, 에볼라는 세계 경제를 멈추는 단계로 번지지는 않았습니다. 지금은 왜 다를까요?

이는 세계화에 답이 있습니다. 1차 산업혁명은 국가와 국가적인 시장이라는 개념을 심었고, 2차 산업혁명은 세계화를 가져왔습니다. 경제협력개발기구OECD, 국제통화기금IMF, 세계은행 등과 같은 중개 조직들이 이때 나타났지요. 이 인프라는 적시 생산 방식JIT으로 재고를 남기지 않습니다. 탄력성보다는 오로지 효율성에만 의존하죠. 지금의 신자유주의 경제는 단기 이익만 추구합니다. 주식시장에서 분기별 보고서로 이익 현황을 보여줘야 하죠. 이익을 못 내면 주주의 주식이 평가절하되니 경영자에게 문제가 생깁니다. 분기마다 수익을 내려면 장기 투자, 장기 계획, 문제가 발생할 경우를 대비하는 중복 장치를 구비할 수가 없어요. 그래서 지금처럼 팬데믹이 오면 전체가 타격받고 세계화된 인프라가 붕괴합니다. 감염병이 발생하는 순간 전 세계 인프라가 무너졌습니다. 마스크는 어디에 있었습니까? 인공호흡기는 어디에 있었나요? 우리의 음식을 실은 배는요?

작년에 도널드 트럼프 행정부가 중국과 무역 마찰을 일으킬 때 의료 용품까지 관세를 매기는 바람에 미국의 의료 물량이 어이없을 정도로 부족한 상황이 벌어졌습니다.

그래서 우리는 감염병으로부터 몇 가지를 배우고 있습니다. 세상에 있는 모든 것이 하나의 망으로 연결돼 있다는 것, 우리가 한 가족이라는 것, 우리가 함께하지 않으면 다 같이 무너진다는 사실입니다.

3차 산업혁명과 글로컬라이제이션
인류 멸종을 막을 패러다임의 전환

함께하지 않으면 다 같이 무너진다는 말은 무슨 의미죠?

1차 산업혁명과 2차 산업혁명은 3억 1500만 년 전에 살았던 식물과 동물을 채굴하며 자리 잡았습니다. 바로 화석연료 문명입니다. 인류가 청동기 시대, 철기 시대를 지나 화석연료 시대에 진입한 거지요. 이 문명은 비료, 살충제, 건축자재, 식품첨가물, 합성섬유, 포장재, 전력, 운송, 열, 빛 모두를 화석연료에 의존합니다. 이 문명은 지구온난화와 지금 벌어지는 대규모 감염병, 생태계 파괴를 초래했습니다. 과학자들은 유엔에서 지구가 여섯 번째 멸종에 들어섰다고 발표했습니다. 인간이 출현하기 전 4억 5000만 년 동안 다섯 번의 멸종이 있었습니다. 때마다 빠르게 대규모로 진행됐어요. 새 생명들이 생기기까지 1000만 년이 걸렸고요. 인간은 머지않아 멸종할 것이고, 10년 안에 지구의 생물종 반이 사라진다는 암울한 전망이 나왔습니다.

인프라는 비즈니스 모델과 통치 모델의 종류를 상당히 많이 결정합니다. 1차 산업혁명과 2차 산업혁명 인프라를 보면 중앙 집중식, 하향식에다 지식재산권을 보호하는 방식으로 설계됐어요. 화석연료 문명은 채굴하고 추출하고 정제해서 제품을 생산하는 역사상 가장 비싼 에너지 체제이기 때문입니다. 따라서 전체를 관리할 투자 자본을 가진 수직적으로 통합된 글로벌 거대 기업들이 필요했습니다. 마침내 35억 명의 노동자 중 550만 명만을 고용하고도 세계 총생산의 3분의 1을 차지하는 500대 글로벌 기업들이 나오게 됐죠. 그 결과 우리는 불평등과 마주합니다. 산업화 때문에 인류의 반이 잘살게 되는 동안 나머지 반은 5달러 미만으로 하루를 버팁니다. 우리가 창조한 이 인프라 때문에 우리 모두와 미래 세대까지 고통받아요.

그런 점에서 최근 밀레니얼 세대와 Z세대들의 외침이 주목을 받고 있기도 하죠.

그들은 1년 반 전에 미래를 위한 대규모 행동을 했습니다. 140여 나라에서 수백만 명의 밀레니얼 세대와 Z세대들이 기후 비상을 외쳤습니다. 그리고 그린 뉴딜을 요구했어요. 이들은 스스로를 하나의 종으로 봅니다. 인간과 동물, 식물이라는 경계를 무너뜨리고 대기권까지 뻗어 있는 생물권 전체를 멸종 위기에 놓인 하나의 공동체로 인식해요. 생물권 안에서 인간이 하는 모든 활동이 모든 생명체와 생태계에 영향을 미친다는 것을 이해합니다. 왜냐하면 우리 모두는 살아남아야 하니까요. 팬데믹 덕분에 우리는 개인과 가족, 지역공동체의 안녕이 인류가 하나의 종으로 함께하는 길에 달려 있다는 사실을 배웁니다. 지난 산업혁명과 세계화가 단기 이익에 의존하여 장기적 탄력성을 잃어버렸다는 것을 배워요. 이두 가지 중요한 가르침이 우리를 3차 산업혁명으로 이끌고 있습니다.(리프킨은 최근의 급격한 자동화 등도 '4차 산업혁명'이 아닌 '3차 산업혁명'의 폭발적 진행으로 본다.)

3차 산업혁명이란 무엇인가요?

3차 산업혁명은 글로컬glocal을 위한 인프라예요. 세계화가 아닙니다. 글로컬라이제이션과 생물지역 거버넌스bioregional governance(인간만이 아니라 지역 생태계 전체를 책임지는 통치)입니다. 3차 산업혁명 인프라는 분산되고 개방적이며 투명하고 수천만 명에게 확장되는 인프라입니다. 여기서는 500개 기업만이 아니라 모든 사람들이 주역으로 활동합니다. 커뮤니케이션 혁명은 인터넷입니다. 45억 인구가 참여하고 있지요. 그중 많은 곳이 디지털화된 재생에너지 인터넷으로 통합되고 있어요. 수백만 명이 협동조합을 이뤄 태양과 바람을 통해 에너지를 생산하기 시작했습니다. 그들은 자신들이 사용하지 않는 여분의 에너지를 디지털화된 에너지 인터넷으로 대륙을 가로질러 다른 이들에게 보냅니다. 인터넷으로 빅데이터와 알고리즘을 이용해 뉴스와 지식, 엔터테인먼트를 공유하듯 바람과 태양을 함께 누리는 겁니다. 여기에 전기 및 연료전지 차량으로 움직이는 디지털 이동 물류 인터넷이 통합되고 있습니다. 차량은 자율적이 되고 있고요.

우리는 여전히 1차와 2차 산업 속에 있습니다. 특히 2차 산업이 발전하는 과정에서 1, 2차 산업혁명을 맞이했던 건데요. 역사적으로 산업혁명이 발생하는 조건은 무엇인가요?

역사상 중요한 경제 패러다임 전환은 적어도 일곱 차례 있었습니다. 그리 빈번하지는 않았지요. 패러다임이 바뀌려면 세 가지 결정적인 기술이 나타나 기존의 것을 수렴하고 인프라를 창조해야 하기 때문입니다. 새로운 커뮤니케이션 기술, 새로운 에너지 원천, 새로운 물류 이동성입니다. 커뮤니케이션 혁명이 에너지 혁명, 물류 이동 혁명과 통합될 때 경제활동 방식, 통치 방식, 거주 양식이 바뀌는 패러다임 전환이 일어납니다.
저는 19세기에 첫 번째 산업혁명이 일어났다고 생각합니다. 이때 커뮤니케이션 혁명은 증기 동력 인쇄기였어요. 신문, 잡지, 교과서 등 대량생산 커뮤니케이션이 가능해졌죠.

여기에 전신이 가세합니다. 이 두 커뮤니케이션 혁명이 영국에서 차세대 에너지와 융합합니다. 석탄이죠. 그리고 증기 엔진을 철도에 장착시킵니다. 이는 영국에서 권력이 움직이는 양식, 사람들이 이동하는 양식을 바꾸었어요. 전 국토를 묶는 시장이 나옵니다. 경제가 소도시까지 포괄하는 단일한 국가 시장으로 확장되었지요. 확장된 사회집단을 지배하는 국민 정부가 등장합니다.

20세기 미국에서 두 번째 산업혁명이 일어납니다. 여기서 커뮤니케이션 혁명은 전화였어요. 역사적 사건입니다. 지금의 인터넷보다 더 큰 사건이었지요. 라디오, 텔레비전과 함께 이 커뮤니케이션 기술은 새로운 에너지 자원과 결합합니다. 석유죠. 헨리 포드가 사람들을 새로운 형식으로 이동하도록 만듭니다. 내부 연소 엔진이라 부르는 자동차, 버스, 트럭, 그리고 배와 비행기가 나옵니다. 주거 문화는 교외로 확장됩니다. 그리고 세계가 생산과 물류 이동, 소비로 연결됩니다.

화석연료 기반 글로벌 기업
시효는 얼마 남지 않았다

패러다임이 바뀌려면 세 가지 결정적인 기술인 새로운 커뮤니케이션 기술과 에너지 원천, 물류 이동성이 나타나야 하는

데, 현재 3차 산업혁명으로 전환할 조건이 만들어졌다는 거 군요. 3차 산업혁명에 있어 커뮤니케이션 혁명은 인터넷이 고, 에너지 혁명은 재생에너지, 이동 혁명은 전기 및 연료전 지 차량이라는 거지요. 이 모두는 인터넷으로 다시 연결되어 분산적인 수평 통합으로 재조직화되고요.

네, 그 모두를 아우르는 장치가 바로 사물인터넷_{IoT}입니다. 건물마다 센서가 장착되는데 공장, 창고, 집, 스마트 차량에 도 장착되어 데이터를 수집합니다. 앞으로 10년 안에 글로 벌 사회는 센서를 장착한 사물인터넷과 연결될 겁니다. 3차 산업혁명은 세계를 수십억, 수조 개의 센서로 연결하고 있습 니다. 전 세계를 유기적으로 연결하는 정보의 양은 엄청납니 다. 구글, 페이스북, 아마존같이 수직 통합된 중앙 집중식 회 사의 데이터 센터는 이 많은 정보를 처리할 수 없습니다. 서 로의 플랫폼을 연결하는 에지 데이터 센서edge data sensor가 부 상하고 있는 것이 이 때문이지요. 에지 데이터 센서는 블록 체인 방식으로 서로 병렬해서 네트워크 효과를 갖는데 가게, 가정, 사무실, 공장, 창고에 이르기까지 에지 데이터 센서를 설치함으로써 지역사회는 블록체인으로 연결된 플랫폼으로 이어질 수 있습니다.

결국 모든 건물은 사물인터넷이 될 겁니다. 그 속에서 우 리는 지역 중심 세계화를 합니다. 구글, 페이스북, 아마존은

10년을 버티지 못할 거예요. 그들이 시도하는 작업은 매우 수직적으로 통합된 2차 산업혁명 인프라를 가져와 3차 산업혁명에 심으려는 것이기 때문입니다. 3차 산업혁명은 분산적이고 개방적이며 네트워크 효율적이고 배터리 규모로 설계되어 있거든요. 모든 건물에는 건물만의 에지 데이터 센서가 자리하고, 그곳에서 이웃의 마이크로 전력망의 데이터로 연결됩니다. 그리고 모든 건물은 태양광 발전소가 되고, 전기차나 연료전지 자동차를 위한 충전소가 됩니다. 바로 건물이 연결점node 역할을 하는 거죠. 지역을 연결하고, 다시 대륙을 연결하여 세계를 연결합니다.

매우 이상적으로 들립니다. 현실에서 이용되려면 꽤 오랜 시간이 필요할 것 같은데요.

이론이 아닌 현실로 일어나고 있어요. 이미 유럽과 중국에서 이와 관련된 인프라 구축을 도왔습니다. 20년 동안 유럽의 핵심 설계자와 이를 배치했고, 중국의 3차 산업혁명 지도부와 함께 인터넷 플러스Internet Plus(2015년 리커창 중국 총리가 처음으로 언급한 정책 목표로, 모든 산업에 인터넷 기술을 융합하는 전략)를 배치했어요.

3차 산업혁명은 우리를 글로컬라이제이션으로 안내하는 프레임입니다. 미래에 우리는 아웃소싱보다는 지역에서 생

구글, 페이스북, 아마존은

10년을 버티지 못할 거예요.

그들이 시도하는 작업은

매우 수직적으로 통합된

2차 산업혁명 인프라를 가져와

3차 산업혁명에 심으려는 것이기

때문입니다.

산하는 온쇼어링onshoring을 할 거예요. 농업에서 3D 프린팅을 활용하는 제조업에 이르기까지 대부분의 생산이 우리가 사는 지역에 의존할 것입니다. 예를 들어 팬데믹이 일어난다든지 기후 재난이 벌어져서 한국 전역에서 전력이 나가는 상황이 생기면 국가적인 전력망을 지방에 있는 소규모 전력망으로 변경할 수 있는 구조가 필요합니다. 그 상황에서도 태양과 바람, 지열을 이용한 생산은 가능하니까요. 기후 재난이 종식되면 다시 디지털화된 전국 전력망으로 되돌려 에너지를 공유할 수 있습니다.

3차 산업 인프라는 탄력성과 활동성을 바탕으로 합니다. 다른 말로 하면 우리에게 물류 및 이동성 인터넷, 에너지 인터넷, 커뮤니케이션 인터넷이 있어도 분산된 전력망 없이 국가적 전력망만 갖추고 있다면 3차 산업은 제 기능을 하기 어렵다는 이야기입니다. 기후 재난, 사이버 테러 공격이 있을 때 즉시 국가적 인터넷을 지역과 지방 인터넷으로 전환할 수 있는 지역 구조가 3차 산업 인프라의 핵심입니다.

전력에 있어서 지역 중심 전력망을 구축하면 생활과 산업이 안정되니 빠른 전환이 일어날 수 있으리라 봅니다. 하지만 대기업이 고용과 국가 수입의 상당수를 차지하는 산업 질서 속에서 과연 다양한 생산자들이 출현할 수 있을까요?

우리는 글로벌 기업을 포기하지 않을 겁니다. 막대한 양의 첨단 기술을 보유한 글로벌 기업들도 함께 통합되도록 할 수 있습니다. 다만 그들이 수백만의 중소기업과 지역공동체에서 민주적으로 운영되는 협동조합과 함께 동등한 조건에서 활동을 하는 거지요. 그렇게 스스로 변화하지 않는 한 그들은 살아남지 못합니다. 지금의 수직적 구조는 세계화에는 최적화되어 있을지 몰라도 기후변화 시대에는 그 취약성이 두드러질 겁니다. 3차 산업에서 글로벌 기업들은 블록체인으로 중소기업 및 협동조합과 합치되어야 살아갈 수 있습니다.

공공의 통제와 공공의 결정
3차 산업혁명과 거버넌스의 변화

사물인터넷으로 취합할 정보는 엄청납니다. 지금도 정보가 기업 이윤을 만들고 있습니다. 고객이 쓰는 카드 정보만으로도 시장점유율을 높일 수 있으니까요. 정부가 정보를 안전하게 관리한다고 마냥 믿기도 어렵습니다.

어떻게 정부가 사물인터넷을 지배하지 않고 사람들을 감시하지 않도록 할 수 있을까요? 개인 정보를 보호하는 데이터 보안을 어떻게 보장할까요? 다크넷도 존재합니다. 규제를 통해 해결하는 겁니다. 인프라는 공공재입니다. 지역사회가 규제하고 통제해야 합니다. 기업도 중앙정부도 아닙니다. 지난 40년 동안 신자유주의 속에서 우리는 규제 해제와 민영화를 강요받았어요. 레이건부터 오바마까지 줄곧 시도했습니다. 기업들은 정부가 너무 관료적이라고 말합니다. 경쟁이 없으면 게을러져 혁신을 못하니 민영화해야 한다고요.

저는 이 말은 반드시 해야겠어요. 45년 동안 경제 분야에서 일해왔는데 정부가 철도를 정시에 운행하지 못하거나 우편 서비스를 제시간에 관리하지 못한 적은 없습니다. 텔레비전을 제시간에 송출할 수 없거나 상하수도 시스템을 관리할 수 없던 적도 없어요. 정부는 상당히 잘했습니다. 그러다 1970년대 후반에 어떤 일이 일어났냐면, 세계 자본주의가 시장에서 돈을 벌 기회가 부족하다는 점을 깨닫고 정부 인프라를 수익성 좋은 다음 단계 목표로 설정한 겁니다. 그래서 우리가 지금 세계 도처에서 민영화된 교량, 상하수도, 전기 등을 이용할 수밖에 없는 겁니다.

공공 인프라가 민영화됨으로써 인프라 자산은 뜯겨나갔습니다. 민영 교도소는 어떻게 하면 개선을 덜 할까 골몰합니다. 개인이 수도 시설을 운영해도 그래요. 도로 시스템을 운영해도 그들은 보수하지 않습니다. 왜냐하면 이는 이익 손실을 의미하니까요. 인프라는 반드시 지역 의회, 지역 시민사회, 지방자치단체에 의해 공공재로 통제되어야 하고 공공의 뜻으로 운영해야 합니다. 학교든 물이든 에너지든, 공공재로서 인프라는 국민이 소유해야 합니다.

권한도 없는데 민간 기업이 에너지 인프라에 참여할까요?

최고의 민간 기업과 함께하면서도 대중이 인프라를 통제할 수 있도록 해야 합니다. 자, 국가적인 스마트 전력망을 만든다면 일단 에너지 설비와 인터넷이 필요합니다. 그리고 이에 따라 건물을 개조해야 할 거예요. 그 일에 참여 기업들이 자금을 지원하는 겁니다. 그러면서 그 기업들은 3차 산업 시스템의 효율성을 이용하고요. 제품 생산, 유통, 물류 등에서 네트워크가 주는 정보와 비용 효과를 통해 이익을 얻고 자신들이 들인 투자를 돌려받는 효과를 누리게 됩니다. 만약 그들이 스마트 전력망에 투자하지 않거나 건물 개조에 참여하지 않는다면 그런 이로움을 얻을 기회조차 잃는 겁니다. 우리는 글로벌 기업의 전문성을 얻고, 글로벌 기업은 효율성을 얻는 거지요. 이건 윈윈이에요. 우리는 인프라가 가정, 지역공동체, 지방정부와 중앙정부에 속하도록 유지할 수 있습니다. 자산은 사용자가 관리합니다.

당신이 강조하는 지역공동체의 자치는 어떤 형식인가요? 이미 지방정부가 존재합니다.

우리는 앞으로 더욱 우리의 일상을 통제할 수 있어야 하고, 그러기 위해 지역적이어야 합니다. 기후변화라는 거대한 문제가 닥쳤기 때문입니다. 기후변화로 감염병과 홍수, 가뭄, 산불, 태풍 같은 재난이 오면 중앙정부나 지방정부 혼자 해결할 수 없습니다. 전체 공동체가 협력하는 수평적으로 분산된 새로운 통치가 요구됩니다. 저는 피어 어셈블리peer assembly(참여자가 동일한 자격을 갖는 동배同輩 의회)를 꼽습니다. 피어 어셈블리가 표준화되고 있어요. 지역에 있는 사회기관과 단체들이 정부와 손잡고 모이고 있지요. 특히 유럽 그린 뉴딜의 중심에 피어 어셈블리가 있습니다. 이는 우리 모두의 의회입니다. 미국의 배심원 제도처럼 모든 성인이 일정 기간 잠깐씩 시간을 내어 봉사하는 방식입니다. 피어 어셈블리는 정부가 관리하지만 정부의 확장이기도 하므로 전체 커뮤니티가 자신의 미래에 관여할 수 있습니다.

우리는 지금 기후변화와 그것이 야기한 감염병이 창궐하는 새로운 세계로 이동하고 있습니다. 피해 규모가 크기에 전체 커뮤니티가 참여해야 하고 제공되는 서비스 역시 커뮤니티 전체에 영향을 미쳐야 합니다. 그렇지 않으면 점점 더 늘어나는 국민의 분노와 두려움에 부딪혀 국가는 혼란에 빠질 수밖에 없습니다.

코로나 위기에 대응하듯
기후변화에 대응하라

한국도 기후변화에 대응할 방안으로 그린 뉴딜이 지역에서
부터 화두로 떠올랐습니다. 하지만 국가 정책으로는 논의되
지 않고 있습니다. 한국 상황은 어떻게 파악하고 있습니까?

한국은 2차 산업혁명의 성공 사례로 떠올랐지만 바로 그 부
분에서 문제를 안고 있습니다. 오늘날 한국에서 쓰는 전력의
68퍼센트는 화석연료에서 나오고 있습니다. 그중 42퍼센트
의 전력이 석탄과 천연가스로 돌아가요. 재생에너지가 차지
하는 비율은 7.6퍼센트뿐입니다. 산업화 국가 중에서 매우
낮은 비율입니다. 게다가 한국은 화석연료의 98퍼센트를 수
입합니다. 한국은 베트남과 인도네시아에 대규모 석탄화력
발전소를 건설하는 두 개의 OECD 국가 중 하나이고, 세계에
서 일곱 번째로 이산화탄소를 많이 배출하는 나라이기도 해
요. 에너지산업 싱크탱크인 카본트래커Carbon Tracker Initiative의
2019년 보고서에 따르면 한국의 화석연료 자산은 좌초 상
태입니다. 게다가 한국은 다섯 번째로 큰 원자력발전 국가이
고, 환경보호 부문에서는 180개 나라 중 80위죠.

　OECD가 해마다 국내총생산GDP 세계 순위를 발표하는데 한

국이 2018년에 8위였어요. 한국은 이 순위가 오르락내리락 할 때마다 매우 민감하게 반응합니다. 반면 '기후 악당 국가'라는 오명에는 수년째 무감합니다.

다행히 한국의 주요 선도 산업들은 제로 탄소 배출, 그린 뉴딜, 3차 산업혁명으로 전환할 준비가 되어 있습니다. 한국은 세계 최고의 전자제품, 가전제품, 전자통신제품을 보유하고 있습니다. 이는 커뮤니케이션을 위한 것이죠. 여기에 한국은 최고의 이동성 물류를 가지고 있고, 세계적 수준의 건설 회사들이 인프라 부문, 부동산 분야에 있습니다. 그러니까 한국은 모든 전문 지식을 가지고 있는 겁니다. 이를 방해하는 것은 전력뿐입니다. 바로 한국전력공사입니다. 구시대적인 생각과 이를 고수하는 이들이 기후변화를 앞당기고 있어요. 한국이 기후변화와 그로 인한 팬데믹에 책임을 지고자 전환을 모색할 때 화석연료 중심의 기득권이 방해를 합니다.

　이제 좋은 소식을 알려드리겠습니다. 첫째, 한국전력공사가 재생에너지를 발전시키기 위해 한국 전역에 송전 시 전력 손실을 줄이는 고전압직류송전HVDC 규모를 확대하겠다고 발표했습니다. 독일 다음으로 발표한 나라입니다. 독일은 태양광과 풍력으로 생산한 재생에너지 전력을 인터넷과 결합시켜 국토 전역에서 사용하도록 이끕니다. 둘째, 한국은 세계에서 가장 큰 그린 채권의 원천이 될 겁니다. 이 부분이 참으

로 역설적인데요. 작년에 세계 그린 채권 투자의 60퍼센트
가 한국에서 나왔어요. 그러니까 한국인들이 집 안팎에서 화
석연료에 의존하고 석탄화력발전소를 유지하는 데 반해 한
국의 은행들은 세계 그린 채권에 투자하는 가장 큰 단일 투
자자라는 거지요. 그리고 대한민국 교사와 공무원 연금 기금
은 세계에서 가장 큰 투자자인데 그들이 석탄 투자를 금지했
어요. 매우 반가운 소식이죠. 한국은 '하이브리드 전력 모델
도시 계획'이라고 해서 태양과 바람으로 생산한 전력을 수소
연료를 통해 가정과 사무실에 공급하겠다고 발표했습니다.
수소 경제로의 전환에 앞장서겠다는 의지를 표명한 것이지
요. 물론 현실에서는 진행 속도가 매우 느립니다.

　　문제는 재생에너지만으로 현재의 전력 소비를 감당할 수 있
　　느냐에 있습니다.

스탠퍼드대학교와 캘리포니아주립대학교에서 모든 나라의
재생에너지 잠재력을 연구했습니다. 한국은 내일 아침 한국
전역에서 사용할 에너지의 85퍼센트를 햇빛으로 충당할 수
있습니다. 그리고 바람으로 14퍼센트를 생산하고, 나머지 1
퍼센트는 바이오매스로 메울 수 있어요. 게다가 바람과 태양
은 공짜입니다. 2018년 10월 한국 대통령이 전환을 선언했
습니다. 새천년 재생에너지 역사를 선포하며 해상 풍력 단

지, 태양광 단지를 세워 재생에너지를 생산하겠다고 했고, 실제로 생산합니다. 목표를 설정했죠. 그러나 신속하게 움직이지는 않습니다. 저는 한국이 코로나19 위기에 그 어느 나라보다 빠르게 대처했듯 새천년 재생에너지 역사를 구비해가는 모습을 보고 싶습니다.

엄청난 부채를 예고하는 화석연료
그린 뉴딜만이 답이다

국제노동기구ILO는 이 위기 속에서 30퍼센트 넘는 노동자들이 실직할 것으로 예상합니다. 당장 닥친 실업 위기 때문에라도 시장을 먼저 살려야 한다는 주장이 있습니다.

글로벌 시장은 무너졌습니다. 우리가 알던 방식으로 돌아오지 않습니다. 2차 산업혁명은 끝났어요. 첫째, 재작년에 태양광과 바람으로 생산하는 균등화 발전 원가가 천연가스보다 크게 떨어졌습니다. 미국 전역에 있는 천연가스 산업이 작년에 파산했어요. 지금 우리는 역사상 가장 큰 거품인 화석연료 좌초 자산(시장이나 사회 환경 변화로 투자를 했으나 더는 경제적 수익을 내지 못하는 자산. 한국은 석탄화력발전 좌초 자산 위험이 120조 원 정도로 세계에서 가장 높다) 위에 앉아 있습니다.

2018년 10월 한국 대통령이

전환을 선언했습니다.

해상 풍력 단지, 태양광 단지를 세워

재생에너지를 생산하겠다고 했습니다.

한국이 코로나19 위기에

그 어느 나라보다 빠르게 대처했듯

새천년 재생에너지 역사를

구비해가는 모습을 보고 싶습니다.

시티그룹이 계산하길 이 좌초 자산이 적어도 40조 달러라고 합니다. 다른 연구에 따르면 60조 달러라고도 하고요. 석유화학 공장을 비롯하여 모든 복잡한 화석연료 관련 산업은 버려질 겁니다. 좌초 자산으로 인해 한국이 무너질 수 있다는 의미입니다.

둘째, 모든 새로운 일자리는 3차 산업혁명 과정 속에 있습니다. 정보통신기술, 가전, 전력, 물류, 운송, 선진 제조업, 관광, 농업 모두가 포함됩니다. 모든 산업이 국가 인프라 구축에 관여합니다. 이 과정에서 수백만 개의 일자리가 창출됩니다. 로봇은 분산된 국가 전력망을 만드는 지하 케이블을 설치하지 못합니다. 로봇은 풍력 터빈과 태양광 패널을 조립하지 못합니다. 로봇과 인공지능은 기후변화에 탄력적으로 대응하도록 건물을 개조하지 못합니다. 건물 인프라에 사물인터넷과 센서도 설치하지 못해요. 이 모든 것은 바로 인간의 손으로 만들어질 변화입니다.

30년 동안 수백만 개의 일자리가 만들어질 겁니다. 이는 유럽과 중국이 그린 뉴딜을 추진하는 과정에서 확인했습니다. 죽어가는 20세기 경제 프레임 안에서 살아남을 방법을 찾았다는 한국의 정치 지도자가 있다면 이렇게 말하고 싶어요. 거짓말하지 말라고요.

미래 산업 주도권을 놓고 미국과 중국 등이 각축전을 벌이고 있습니다. 차세대 산업 지형에 변동이 있을까요?

두 거대 집단이 이를 이끌 것으로 생각합니다. 유럽연합은 스마트 유럽, 디지털 그린 뉴딜이라고 부르는 국가 계획을, 중국은 인터넷 플러스라고 부르는 국가 계획을 했습니다. 유럽은 그린 뉴딜, 중국은 생태 문명이라고 다르게 칭하지만 거의 같은 계획이에요. 지금 이 분야를 주도하는 것은 유럽연합과 중국입니다. 둘은 함께하기 시작했어요. 비록 이들이 무역이나 다른 부분에서 갈등이 있을지라도 유럽이 중국의 최대 무역 파트너임을 기억해야 합니다. 중국은 유럽의 두 번째 큰 무역 파트너인데, 곧 첫 번째가 될 거예요. 곧입니다! 그리고 이들은 상하이에서 노트르담까지 거대한 땅덩어리를 공유합니다. 유라시아라고 하죠. 하나의 대륙입니다. 단기적인 문제와 상관없이 이들은 매우 긴밀히 협력하고 있습니다. 세계는 유럽연합과 중국이라는 두 슈퍼 파워를 맞이했고, 둘은 장기적으로 함께 움직일 겁니다.

당신의 미래를 좌초 자산에 투자할 것인가
'그린'에서 찾는 새로운 로드맵

지금 우리는 금융 자본주의 속에서 살고 있습니다. 자본이 곧

열쇠입니다. 세계가 새로운 인프라로 바뀌는 데에는 엄청난 돈이 드는데 어디서 가져올 수 있을까요?

우리에게 돈은 충분합니다. 돈 있어요! 저는 한국이 이 말을 들으면 좋겠습니다. 지난 몇 년간 11조 달러가 화석연료 산업에서 빠져나왔습니다. 좌초 자산이기 때문에 탈출한 겁니다. 보험, 금융, 운송, 전력, 제조 할 것 없이 거의 모든 산업의 내부 자료에 화석연료는 좌초 자산이라고 기록되고 있습니다. 이들은 그린 채권에 투자하고 녹색 공채를 발행할 수 있으며, 꾸준한 수익을 보장하는 인프라에 장기 채권 투자를 하고자 합니다. 한국의 국민연금 기금이 왜 석탄과 결별했을까요? 카를 마르크스도 연금 기금에 대해서는 결코 이해할 수 없을 거예요.(웃음) 연금 기금의 자본가들은 다름 아닌 전 세계에서 일하고 있는 노동자들입니다. 우리 노동자들은 세계적으로 41조 달러의 연금 기금을 보유하고 있어요. 41조 달러면 세계에서 가장 큰 자본 덩어리입니다. 바로 지금 일하고 있는 수억의 공무원과 기업 노동자들의 돈입니다.

한국의 교직원 연금과 공무원 연금만으로도 220억 달러에 달하는 자산입니다.

모든 나라에서 추진할 그린 뉴딜의 핵심은 연금 기금입니다.

저는 이를 재투자하길 바랍니다. 한국이 한국 노동자들 기금의 투자처가 되어야 합니다. 당신네 은행들도 세계 그린 채권에 투자하고 있어요. 한국 정부는 이 자금이 국내로 오도록 그린 은행을 마련하고 그린 공채를 발행하는 겁니다. 그러면 그린 뉴딜 인프라를 만드는 데 막대한 정부 자금이 필요하지 않습니다. 전 세계 화석연료에 들어간 한국 노동자들의 자금이 휴지가 되기 전에 어서 나오세요. 노동자들은 새로운 인프라를 건설하는 현장에서 일만 하는 것이 아니라 그 인프라에 투자된 자신들의 자금에서 나오는 수익을 자녀와 함께 누리도록 보장받아야 합니다. 이 자금은 그냥 돈이 아닙니다. 정치적인 의지입니다. 새로운 로드맵 작성을 거부하는 것은 정부입니다.

3차 산업혁명을 처음 접했을 때 햇빛을 이용해 각자가 에너지를 생산하는 주체가 된다는 이야기를 듣고 "Power to the people(민중에게 권력을)"이라는 말이 떠올랐습니다. 그린 뉴딜 속에서 전 세계 노동자가 자본가가 되는 길을 봅니다. 코로나19 위기는 우리의 문명이 갖는 취약점을 드러냈습니다. 지속 가능한 사회를 위해 당장 해야 할 일은 무엇일까요?

세계의 청소년과 청년들이 시청과 정부를 찾아가 말했습니다. "기후 비상이다. 우리는 멸종을 마주하고 있다. 당신의 도움이 필요하다." 그러자 정부가 뭐라고 말했는지 아십니까?
"우리도 여러분의 의견에 동의합니다. 글로벌 기후 비상이에
요. 우리가 멸종한다는 의견에도 동의합니다. 정부가 마주하
는 주요 쟁점 중 하나이니까요." 주요 쟁점 중 하나라는 말을
듣자마자 청소년과 청년들은 외칩니다. "멸종만큼 중요한 다
른 쟁점들은 무엇인가? 무엇이 중요한데? 그 어떤 의제도 기
후변화를 넘어 최우선의 가치를 갖지 않는다."

　한국 청년들에게 말하고 싶어요. 구세대 정치를 쓸어내
야 합니다. 그들은 이 일을 하지 않을 거예요. 오래된 정당들
은 동기부여를 받지도 못하고, 나태합니다. 우리는 젊은 세
대로 정치를 다시 세워야 합니다. 시의회를 차지하세요. 교
육위원회를 맡고 지역 사업을 책임지는 겁니다. 우리에게는
이 일을 해낸 예가 있어요. 알렉산드리아 오카시오코르테스
Alexandria Ocasio-Cortez는 28세에 미국 하원의원이 됐습니다. 핀
란드 총리 산나 마린Sanna Marin도 34세 여성입니다. 우리에겐
이런 인물이 수백만 명 필요합니다.

한국의 청년들은 벌써 움직이고 있다. 국민 다수의 선택이 남았을 뿐
이다. 그래서 우리는 생각해야 한다. 오늘 이 위기가 어디에서 왔고,
당장 사회의 관성을 제어하지 않으면 지구의 모든 생명체는 어떻게
될 것인가를.

위기 이후
어떤 세계화가
도래할 것인가

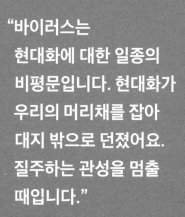

"바이러스는
현대화에 대한 일종의
비평문입니다. 현대화가
우리의 머리채를 잡아
대지 밖으로 던졌어요.
질주하는 관성을 멈출
때입니다."

원톄쥔
溫鐵軍

현재 중국 사회변화를 이끄는 가장 주목받는 지식인으로, 개혁개방 이후 중국 사회가 성장과 효율을 내세울 때 농촌 문제의 심각성과 중요성을 주장해 국가 핵심 의제로 만든 학자이자 실천가이다. 1968년 문화대혁명 당시 11년 동안 노동자, 농민, 군인으로 일했다. 1983년 런민人民대학교 신문학과를 졸업하고 1999년 중국농업대학에서 박사 학위를 받았다. 20년 넘게 여러 중앙 정책 싱크탱크에서 연구했으며, 30여 개 국가의 국제조직, 학술 집단에 자문해왔다. 2016년 퇴임 전까지 런민대학교 농업 및 농촌발전대학 학장, 지속 가능성을 위한 선진교육대학 교수로 재직했다. 그 밖에 중국 경제개혁회 사무차장과 중국 거시경제연구재단 사무차장, 제임스 옌 농촌재건기관 대표 등을 역임했다. 현재는 푸제농림대학교 농촌재건대학 학장이자 신농촌건설연구소 최고 책임자이며, 난시南西대학교 중국 농촌재건대학 학장을 겸직하고 있다. 《백년의 급진》《여덟 번의 위기》 등의 저서가 있다.

코로나19 위기가 전 지구를 덮쳤다. 글로벌 경제를 이끌어온 서구 중심의 사고를 농업 경제학자인 원톄쥔과 함께 아시아, 특히 중국 내 시민사회의 시선으로 바라보고자 한다. 원톄쥔은 강단을 넘어 생태 운동가로 중국 전역을 아우르는 약 2000개 지역에서 로컬 경제 시민 조직인 공동체기반농업운동CSA을 20여 년간 이끌어왔다. 그와 함께 경제, 정치 그리고 사상의 위기로 가고 있는 코로나19에 대해 살펴보고자 한다. 그는 과거 냉전 시기를 거쳐 현재까지 우리에게는 알려지지 않은 다른 반쪽의 세계를 누비며 연구하고 대안을 모색해온 인물이다. 성장 중심 국가 자본주의를 추진하는 중국 주류 기득권을 향해서도 거침없이 발언해온 그와 내일을 위한 해법을 찾아보자. 5월 14일 온라인 화상으로 진행한 인터뷰이다.

뜻밖의 곳에서 발견한
위기의 탈출구

중국은 코로나19 바이러스 감염이 진정세로 돌아선 듯한데 특별히 진행한 정책이 있나요?

바이러스와 싸우는 나라들에 전하고 싶은 내용이 두 가지 있습니다. 중국에서는 전통 의학을 사용해서 병자들을 돌봤습니다. 중의학 병원에서는 중의학과 서양의학을 혼용해서 환자를 치료합니다. 코로나19 환자들에게 전통 중의학 약재를 처방했어요. 이 과정에서 사망에 이른 사람은 한 명도 나오지 않았습니다. 우한에서도 중의학 병원은 사망자가 없었습니다. 이에 대해 주류 언론은 아주 드물게 보도합니다. 중국에서도 중의학이 주류가 아니기 때문이고, 언론 스스로 신냉전 이데올로기의 덫에 빠져 세계의 비판을 받을까 봐 몸을 사리기 때문이지요. 2003년 사스가 발생했을 때 홍콩 내 일부 지역에서는 전통 중의학을 꺼렸어요. 그 지역은 사망률이 높았습니다. 나중에서야 홍콩 옆에 있는 광저우에 중의학 의료진을 보내달라고 요청했습니다. 그리고 광저우 의료진들이 중의학 약재를 사용해 사스를 치료하는 데 도움을 줬지요. 매우 효과적이었습니다.

두 번째로 말하고 싶은 것은 농촌의 바이러스 대응입니다. 중국에는 아직 50퍼센트 넘는 사람들이 농촌에 삽니다. 중국의 농촌 마을에는 의사가 없습니다. 병원도 없습니다. 상상해보세요. 의사도 없고 병원도 없는 곳에서 농촌 사람들이 바이러스 공격을 무엇으로 막을까요? 그들은 자신들의 마을을 폐쇄했습니다. 스스로를 고립시킴으로써 자립을 이뤘죠. 마을 안에서 사람들이 어떻게 살까요? 모두들 농작물을 키웁니다. 광활한 경작지가 있고, 닭을 치고 소와 돼지를 기르고, 작은 가게들이 즐비합니다. 목수도 있고, 전기 기술자도 있고, 식당과 술집도 있습니다. 그러니까 마을 안은 하나의 독립적인 사회입니다. 자립할 수 있는 생계가 있어 폭풍이 지나갈 때까지 기다리는 겁니다. 외부인이 오지 않으면 안 되는 상태라면 안전할 수 없겠죠.

저는 지난겨울과 지난봄에 푸젠성의 한 산골 마을에 있었습니다. 인터넷을 이용해 강의하고 회의도 하며 숲에 나가 죽순도 캐고 봄나물을 뜯으며 만족스러운 생활을 했습니다. 마스크를 쓸 필요가 없었죠. 아주 자유롭게 신선한 공기를 마시며 지냈어요. 중국이 이 심각한 바이러스를 다스릴 수 있었던 이유는 중국 인구의 반이 어떤 보살핌도 필요로 하지 않기 때문입니다. 의료진을 보낼 필요도 없습니다. 바이러스와 관련한 일체의 비용을 치를 필요가 없죠. 자연 속에서 그들은 바이러스의 공격에서 스스로를 지킬 수 있습니다. 이것이 두 번째로 제가 강조하고 싶은 내용입니다. 이 진실을 사람들에게 전해주길 바랍니다.

코로나19 치료에 중의학이 효과적이라는 기사를 저는 한 번도 본 적이 없습니다.

중국 공식 사이트에서는 보기 어렵지만 여러 지방정부들이 그 효과를 밝히고 있어요. 지금의 바이러스 위기는 의료적 위기일 뿐 아니라 사상적 위기이기도 합니다. 중국의 공식 매체들은 우리의 경험에 대해 말하기를 매우 조심스러워합니다. 특히 서구 언론들이 우리는 거짓말쟁이이고 투명하지 않다고 비판의 날을 세우는 상황에서는요. 중국 공식 사이트도 문제가 불거질까 봐 조심하고 있습니다.

(인터뷰 일주일 뒤 베이징에서 열린 양회에서 중국 의학계 권위자이자 인민 대표인 장보리張伯禮 원사가 중의약 관련 법을 발의하며 우한에서 82일간 임상 실험한 사례를 보고했다. 그는 중의학 치료를 통해 코로나19 환자

의 병세를 악화시키지 않고 경증 상태에서 치료할 수 있음을 밝혔다. 중의학에서 독감 치료제로 사용되는 렌화칭원蓮花清瘟은 코로나19 치료 효과를 입증했고, 브라질, 캐나다, 인도네시아 등 10여 개국에 수출됐다._공산당 기관지 〈광밍일보〉 5월 24일 보도)

동아시아가 위기 대응에 성공한 것은
권위주의의 유산 때문인가

서구 미디어에서는 동아시아 국가가 코로나19 위기를 빨리 극복한 이유는 독재를 경험했고, 민족주의 성향이 강하기 때문이라고 비판합니다. 특히 중국에 대해서는 국가주의 체제라서 가능했다고 해석하는데요.

지금 당신은 미국에 있지요? 미국은 세계에서 가장 특별한 문화를 가지고 있어요. 어느 날 그들은 거대한 대륙에 당도했고, 그곳에 살고 있는 사람들과 마주쳤습니다. 인디언이죠. 원주민들은 공동체를 이루며 함께 살고 있었습니다. 반면 이민자들은 개별적인 성향을 중시하는 사람들이었지요. 이주민과 원주민은 서로 다른 합리성을 갖고 있습니다. 서구 사회는 개인의 생각을 신념으로 존중하지만 원주민 사회에서는 집단적인 공동체적 합리성이 중요하지요.

우리는 개인을 중시하면서도 수천 년 동안 농경사회를 이뤄오면서 지속 가능한 삶의 방식으로 마을 공동체를 선택해왔습니다. 개별 가족 체계로 분리된다면 오래도록 잘 살기 어렵다는 인식이 있었기 때문입니다. 이런 삶의 형식을 코뮌commune(인민 공동체)이라고 말할 수 있겠네요. 코뮌이라는 형식 속에서 우리는 개인 중심적인 사고보다는 공동체적 사고를 해왔습니다.

지난 세기에 식민화는 거대한 물결로 세계를 덮쳤습니다. 오스트레일리아, 아메리카, 아프리카까지요. 그럼에도 아시아는 아직 원주민들의 대륙입니다. 공동체적인 사고 속에서 생활하죠. 저는 식민화된 문화에는 개인 중심 합리성이 강하게 작동한다고 봅니다. 하지만 원주민의 문화가 살아 있는 대륙에는 아직 공동체 문화가 바탕을 이루며, 개인 중심과 집단 중심 사고가 공존하고 있습니다. 아시아인은 민족주의 성향이 강하다는 비판에 대해 저는 문화 차이임을 강조하고 싶습니다.

지금은 세계화된 경제 시스템에 묶여 있기에 경제 논리에서 국가나 공동체의 역할보다는 시장 논리가 강조됩니다. 특히 코로나19 위기가 경제 위기가 된 현실에서 미국인들은 봉쇄를 풀라는 시위를 공격적으로 하고 있습니다.

서구, 특히 미국에서는 각자가 마스크를 벗을 권리가 있고, 말할 권리가 있다고 하죠. 만약에 당신이 그 권리를 막는다면 그들은 총을 들고 싸울 겁니다. 개인의 합리성을 바탕으로 한 개인 중심 사회의 특성이지요. 하지만 동양의 원주민 사회에서 사람들은 사회 전체를 위해 어떤 종류의 자유는 포기할 수 있다고 생각합니다. 공동체의 안전을 위해서요.

우리는 미국인들을 비판할 수 없습니다. 그들에게는 자신의 생계를 지킬 권리가 있으니까요. 마스크를 안 쓰는 것도 그들의 권리이고, 그러다 죽는다 해도 그들의 권리입니다. 우리는 한 여론조사 결과를 주목할 필요가 있습니다. 미국인의 70퍼센트 이상이 코로나19로 35만 명이 죽음에 이르더라도 감당할 수 있다고 답했습니다. 하지만 중국 사람들은 수용할 수 없습니다. 우리는 일자리를 잃더라도 집에 있습니다. 아무리 고위험군이라 하더라도 35세 청년이나 95세 노인이나 똑같이 병원에서 치료받아야 한다고 생각합니다. 생각의 차이이고 철학의 차이이고 가치의 차이입니다. 우리는 서로를 존중해야 해요. 저는 그들에게 이렇게 요구하고 싶어요. '그러니 우리를 비난하지 말라.'

서구 언론에서는 그 모든 걸 전체주의로까지 해석하고 '중국에는 개인의 권리와 자유란 없다'라고 말합니다.

우리를 집단주의, 전체주의, 독재 등등 많은 이름으로 부릅니다. 별스럽지 않아요. 우리는 오랫동안 이런 종류의 비판을 받아왔어요. 지금은 신냉전 이데올로기입니다. 신냉전은 미국에서 조지 W. 부시 대통령이 권력을 잡고 나서 도래했습니다. 부시 대통령은 중국을 새로운 악의 축 동맹으로 만들었죠. 러시아, 이란, 이라크 등을 포함해서요. 이 중 누구도 스스로 신냉전 이데올로기 속으로 들어가지 않았습니다. 만약에 당신이 무엇이 구냉전 이데올로기냐고 묻는다면 저는 회상하고 싶지 않은 기억이라고만 말하겠습니다. 떠올리고 싶지 않아요.

그렇다면 평화와 안전을 위해 우리에게 필요한 새로운 이데올로기는 무엇인가요?

자연으로 돌아가는 겁니다. 무엇이 인류를 위해 의미 있는 일인지 생각하고 새로운 생태 시스템을 마련하는 거죠. 저와 우리 동료들의 새 이데올로기예요. 이는 정부가 아니라 민간에서 일어난 사상입니다. 생태 문명 속에서 순리대로 속도를 늦추어 사는 생태 마을, 슬로푸드, 슬로라이프를 추구하고 그럼으로써 자연 자원의 소비를 줄이고 자연의 일부로 존재하는 생계 방식이죠. 이 방향이 새로운 철학을 위한 목표입니다. 새로운 연구를 통해 새로운 이데올로기가 자리를 잡도 우리는 미국인들을 비판할 수 없습니다.
그들에게는 자신의 생계를 지킬 권리가
있으니까요. 마스크를 안 쓰는 것도
그들의 권리이고, 그러다 죽는다 해도
그들의 권리입니다.
그들에게 이렇게 요구하고 싶어요.
'그러니 우리를 비난하지 말라.'

록 하는 것이지요.

식량 위기는
월스트리트에서 시작된다

코로나 위기가 경제 위기가 됐습니다. 식량 위기로까지 번질
까요?

식량 위기는 반드시 일어납니다. 지금 경제 위기는 주로 미
국, 유럽, 일본 같은 주류 국가를 중심으로 다뤄지는데, 이
들은 모두 자신들을 위해 유동성을 강화하는 방식을 사용합
니다. 거품 금융자본에 갇혀 있기 때문에 대규모 잉여 자금
이 식량 시장으로 흘러갑니다. 높은 인플레이션을 만들죠.
2008년에 월스트리트에서 금융 혼란이 일었을 때 미국 정부
는 양적 완화를 했어요. 대규모로 화폐를 발행한 다음 식량
시장에 투자했습니다. 그러고 나서 밀 가격이 100퍼센트 올
랐지요. 옥수수 가격은 70퍼센트, 쌀 가격은 40퍼센트 올랐
습니다. 그 결과 38개의 식량 부족 국가가 나왔습니다. 이들
의 배고픔은 사회불안으로 변했고, 카이로 혁명이 발생했지
요. 이집트를 비롯해서 북부 아프리카 국가들에서 봉기가 일
어났습니다. 사람들이 광장에 집결했어요. 국제시장에서 식

량을 사오던 이들 나라에 국제시장의 위기가 급속도로 번져 인플레이션이 뜨거워지자 국민들이 일어난 겁니다.

이것이 지난 위기에서 우리가 배운 교훈입니다. 이번에는 더 큰 파장이 일 거예요. 미국이 양적 완화를 6조 달러 이상 늘렸습니다. 2008년에는 4조 달러였어요. 만약 유럽 국가와 일본마저 양적 완화를 한다면 거품 자본은 10조 달러를 넘어섭니다. 식량 위기는 생산이 부족해서 발생한 것이 아닙니다. 이 위기는 금융자본이 만들었습니다.

국제 자본시장에서 양적 완화는 어떤 의미인가요?

미국이 자기 나라 돈을 세계 통화로 만들 수 있다면 모든 나라는 달러를 받아들여야 하겠지요. 그러면 미국은 아주 특별한 우선권을 갖습니다. 양적 완화는 종이돈을 더 많이 찍어내는 정책입니다. 당신이 이 종이돈을 사용하려면 금이나 다른 자산으로 바꿔야 합니다만 이는 거의 불가능해요. 당신은 이 돈을 국제 주택 시장이나 선물 시장 또는 특정 자본시장에서만 쓸 수 있어요. 그러니까 자본시장은 즉각적으로 증가하고 주택 시장과 선물 시장 또한 커지죠. 2008년과 2009년 2010년에 미국의 금융 위기는 글로벌 위기가 됐어요. 이는 미국이 특권을 갖는다는 의미입니다. 우선권을 가진 미국은 그들의 금융 위기 비용을 세계로 이전시켰습니다. 우리는

2008년의 수업을 되새겨 이번 글로벌 경제 위기를 신중히 다뤄야 합니다.

2008년에는 금융권에 공적 자금이 지원됐습니다만, 이번에는 민간에 직접 전달되는 성격이 강합니다. 그럼에도 불구하고 기업과 금융권의 지원 요구도 거셉니다. 미국에서 긴급 지원금 논의를 할 때 상원에서 난항을 겪은 이유가 트럼프 호텔 지원을 비롯한 여러 기업 지원 방안이 포함되었기 때문이었습니다. 금융자본이 비대해질 수 있는 상황입니다. 그렇다면 식량 위기는 언제쯤 올 것 같습니까?

그리 오래 걸리지 않을 거예요. 아마도 올해 혹은 내년일 겁니다. 바이러스 위기로 미국이 보유한 제품량이 상당히 줄어들었어요. 글로벌 산업 체인이 끊어졌기 때문입니다. 게다가 지금은 농업도 산업화되었고, 이 산업화된 농업 글로벌 체인 역시 끊어졌죠. 글로벌 구조를 다시 세워야 하는 상황입니다. 재건하는 데 2, 3년 걸릴 겁니다. 제조업 시장 또한 심각한 위기죠. 생산이 중단됐습니다. 아시아, 특히 중국, 한국, 일본은 여유 생산품을 갖고 있습니다. 서구는 여유분이 부족합니다. 원래 우리는 글로벌 체인 속에서 서로가 서로의 시장이었는데, 글로벌 체인이 끊어지면서 우리의 초과 생산품 이동이 막혔습니다. 이는 큰 재앙이 될 겁니다. 이 위기는 정치, 사회, 심지어 문화 위기로까지 이어질 겁니다. 복합적인 위기가 벌어지는 거죠. 저는 이 위기를 '세계화의 내부 통제에 의한 세계화 위기'라고 이름 짓습니다.

삼각형 구조로 통합되는
새로운 세계화의 물결

위기를 자초했군요. 리쇼어링reshoring이 일어나리라 예상하나요? 한국 대기업 대표들이 정부에 더욱 강도 높은 노동시장 유연화 정책을 요구했습니다. 외국에 있는 생산 공장을 국내로 이전하려 하는데, 국내 생산 비용이 너무 부담스럽다며 내놓은 요청이었습니다.

새로운 트렌드가 나올 겁니다. 글로컬라이제이션입니다. 지역 중심 세계화예요. 세계를 이끄는 나라들이 지역에서 생산 체계를 통합하여 세계 경제의 축을 이룰 겁니다. 첫 번째 축은 미국이 선도하는 북아메리카 글로컬 체계입니다. 미국이 선도 국가가 되어 캐나다의 자연 자원, 멕시코의 노동력 자원을 통합하는 재건입니다. 멕시코는 노동 분야에 있어서 거대한 잉여 자원을 가지고 있고, 캐나다는 천연자원이 풍부하죠. 미국은 금융에 잉여 자본이 있습니다. 그러니까 선도 국가는 반드시 미국이 됩니다. 미국이 캐나다, 멕시코를 재건하여 북아메리카 통합을 조직하는 거죠.

두 번째는 유럽입니다. 유럽연합은 러시아와 가까워질 거예요. 그들 사이에 어떤 논쟁이 진행되건 얼마나 많은 갈등이 있건, 유럽 국가들은 러시아와 만납니다. 러시아는 에너지와 자연 자원으로 지역 통합에 기여할 수 있어요. 인적 자원은 동유럽과 중동 일부에서 충당합니다. 그들은 노동력, 천연자원, 서유럽의 자본으로 지역 통합을 조직합니다.

세 번째가 아시아입니다. 인도는 지역 통합을 이끄는 선도 국가가 될 수 없습니다. 거대 자본과 거대 산업이 아직 구축돼 있지 않기 때문이죠. 산업적인 잉여와 자본적인 잉여는 중국, 일본, 한국에 있습니다. 그래서 동북아시아 국가들이 선도해야 하는데, 한국 경제 상황으로는 이를 혼자 할 수 없어요. 동북아시아 세 국가들이 함께 선도 국가가 될 겁니다. 거대한 산업화, 자본화된 국가들로서 아시아 전체를 아우르는 10+1, 10+2 혹은 10+3을 의미합니다.(10은 동남아시아국가연합ASEAN 10개국을 뜻한다.) 동남아시아와 남아시아까지 아우르는 조직화가 지역 통합의 세 번째 축이 됩니다. 삼각형처럼 세 개의 지역 중심 세계화, 글로컬라이제이션 청사진을 갖는 겁니다. 우리는 지금 코로나19 위기를 맞았고, 세계는 이 세 청사진을 인지하게 될 거예요.

잉여 자본과 기술을 갖춘 선도 국가 중심으로 대륙 산업이 수직적으로 통합된다는 건가요? 자본 중심으로 서열이 생길 것 같아 우려가 되기도 합니다.

지역 통합은 수평적 통합으로는 힘듭니다. 예를 들어 남아메리카 대륙의 나라들이 현재 수평적인 경제 고리로 연결되어 있지요. 이들 국가 중에는 분리된 통합을 이룰 선도 국가 역할을 할 나라가 없으니까요. 브라질이 큰 나라라고 해도 자본도 산업도 충분하지 않습니다. 그들은 지금 천연자원을 파는 나라가 됐어요. 자신들이 제조한 제품을 파는 나라가 아니라요. 얼마 전까지 베네수엘라가 자신들이 선도하는 구조를 구축하려 했지만 그들이 추구했던 것은 정치적인 선도였지, 경제적인 선도가 아니었습니다. 베네수엘라는 정치적 동맹에게 많은 자금을 지원했고, 그때는 잘 작동하는 듯했지요. 그런데 어떻게 됐습니까? 원유 시장에서 유가가 하락했고, 경제제재에 굴복하고 말았죠. 그들의 시도는 실패했습니다. 이 나라들의 사례를 비교 연구하다 보면 앞으로의 재건이 함축하는 바를 배울 수 있습니다. 통합이 효율적으로 작동하려면 수직적인 틀이 형성되어야 한다는 것을요.

삼각형 구조가 자리 잡기까지 시간이 얼마나 걸린다고 예상하는지요?

자연스럽게 진행될 겁니다. 통합은 생각으로 만들어지는 것이 아니라 경제적인 규칙에 따라 당연하듯 이루어질 테니까요. 북아메리카 지역에서 미국이 선도할 수 있는 이유는 자본과 고도로 발달한 기술이 있기 때문이지요. 미국이 자연스레 캐나다와 멕시코의 역량을 인식하게 되면 통합이 이뤄지고, 다시 이 지역 통합을 확대할 때 남아메리카 국가들이 참여하게 될 겁니다. 만약 유럽연합이 러시아와 거리를 두고 오직 27개 회원국만을 대상으로 재건을 한다고 해봅시다. 이들 27개 국가는 거의 비슷한 경제 구조를 가지고 있기에 어쩔 수 없이 노동력이 필요하다는 자각을 하게 됩니다. 동유럽 국가들을 인식하게 되는 거죠. 천연자원을 고려할 때는 러시아를 생각하게 되고요. 그렇게 통합이 일어날 겁니다. 이는 경제 규칙입니다. 우리 아시아 역시 이를 응용할 수 있습니다.

아시아에는 이미 동남아시아국가연합ASEAN이나 아세안경제공동체AEC, 서아시아 중심의 경제협력기구ECO가 있습니다. 한국 정부는 일찌감치 이들과 협력을 증진하기 위해 노력하고 있는데요.

지금 세계화는 고장 났습니다. 세계화는 실패했어요. 만약에 당신네 대통령이 단일국가로 경제 구조를 새롭게 재편하겠다고 한다면 이는 극단적일 만큼 힘들 겁니다. 기존의 구조를 새롭게 하기엔 천연자원이 없기 때문입니다. 우리는 경제 규칙을 알아차려야 합니다. 저는 세계화는 무너질 거고 새로운 지역적 통합이 삼각형 구조로 나타나리라 예상합니다.

미국이 중국을 비난할수록
중국은 기회를 얻는다

트럼프 대통령이 연일 중국을 맹비난하고 있습니다. 민주당 대선 후보인 조 바이든 역시 중국을 비판하고요. 양 진영이 모두 중국을 비난하는 이유가 뭘까요? 작년에 치열했던 미중 관세전쟁과 관련이 있나요? 미래 산업을 두고 이어지는 갈등의 연장선인지요?

중국에 대한 비난은 트럼프 대통령이 먼저 시작한 것이 아닙니다. 조지 W. 부시 전 대통령으로부터 비롯됐어요. 그는 정권을 잡고 나서 중국을 몰락시키고자 중국을 위협하기 시작했습니다. 그 위협은 지금처럼 무역 전쟁이 아니라 신냉전 이데올로기 틀에서 이루어졌지요. 당시 서구 정치인과 언론은 하나의 개념을 구축했어요. 바로 중국 붕괴입니다. 소비에트 연방이 붕괴하자 서구 사회는 모두 다음 차례는 중국이 될 거라고 확신했지요. 중국 붕괴론은 어떠한 비판도 받지 않았습니다. 철의 장막이 무너졌으니까요. 그들에게 중국은 그저 죽의 장막 아닙니까. 우리는 훨씬 더 쉽다는 거지요.

  그들은 1990년대 초부터 말까지 10년 동안 중국을 공격합니다. 그리고 중국은 무너지기 시작했습니다. 당신도 1993년 일어난 동아시아 금융 혼란을 기억할 겁니다. 대부분의 동아시아 국가들이 금융 위기에 빠졌고 침몰했어요. 한국 역시 그때부터 심각한 문제를 겪기 시작했고요. 이 혼란은 미국이 그들의 전통적인 산업구조를 데이터 산업으로 변화시키는 과정에서 나왔습니다. 소비에트연방이 붕괴하고 3년 뒤, 미국은 자신들의 군사적인 우위를 보장했던 기술을 풀었습니다. 컴퓨터와 인터넷이죠. 오직 군사 시스템에서만 사용했고, 상업적으로는 쓰지 않던 기술입니다. 기밀이던 기술을 해제하자 1994년부터 하이테크 기업들이 이를 차지합니다. 그리고 실리콘밸리가 번성했습니다.

  컴퓨터, 인터넷, GPS, 터치스크린 모두 미국 국방부에서 개발했고, 반도체는 미국 해군에서 개발했습니다. 아이폰에 적용한 기술의 99퍼센트가 미국 국방 연구에서 나왔죠. 실리콘밸리의 기술력은 미국 정부 자금과 국방부가 주도한 공공 연구에서 출발했다는 평가를 받습니다.

게다가 이 새로운 산업은 합병을 반복하며 거대한 자본을 빨아들입니다. 금융자본이죠. 바로 동아시아에서 흘러와 미국 서부 신산업으로 들어온 자금이고 동아시아를 위기로 몰아넣은 자금입니다. 그러나 우리 동아시아 사람들은 이를 분석할 수가 없었어요. 그저 이 위기는 우리가 잘못해서 자초했다고만 자책했습니다. 진실은 우리 땅에서 위기가 일어나고, 미국 신산업 단지가 이익을 차지했다는 거지요.

당시 중국도 혼란에 빠졌어요. 중국의 거대 은행들은 모두 열악한 상태였습니다. 불량대출이 3분의 1을 넘었죠. 한국보다 심했고 말레이시아, 인도네시아, 태국보다 위험했습니다. 그렇지만 중국 금융은 특별한 체계 아래 있었습니다. 재정 시스템이 은행 시스템과 분리되어 있지 않았어요. 모두 중앙정부의 통제를 받았습니다. 정부가 은행의 모든 불량대출을 없애라고 명령했고, 재정 쪽에서 모두 가져갔습니다. 그런 다음 해외 무역에서 나오는 잉여 자본을 은행에 줬죠. 중국 은행은 그 어느 나라 은행보다 건강해졌습니다. 불량대출 하나 없이 자기 자본으로 채워졌어요. 단 3년 만에 일어난 변화였습니다. 1998년부터 2001년까지 3년 동안 중국 정부 소유였던 대부분의 거대 은행은 상업 은행이 됐습니다. 그리고 글로벌 금융자본시장에 뛰어듭니다. 미국이 선도하는 국제 금융시장에서 경쟁하기 시작했고, 조지 W. 부시 대통령이 중국을 위협하기 시작한 것도 그때였지요.

왜 특히 중국이었나요?

다른 동아시아 국가들은 그 경쟁을 치를 수 없었어요. 일본은 미국의 은행 시스템을 따르는 데다, 그들에겐 독립적인 은행 정책이 없었습니다. 미국이 일본에 엔화를 더 발행해 미국 채권을 사들이라고 하면 그들은 반드시 그렇게 합니다. 미국과 일본은 정치적 동맹이기 때문이죠. 중국만이 독립적인 경제 주권과 금융 주권을 가지고 있었습니다. 그래서 금융시장에서 경쟁할 수 있었던 거죠.

바로 그때 미국에서 문제가 발생했습니다. 2001년 금융위기입니다. 너무도 많은 금융자본이 미국으로 들어와 거품을 만들더니, IT 버블이 터진 겁니다. 동시에 그해 9월 '9·11 테러'가 발생합니다. 경제 위기에 정치 위기가 덮치죠. 미국은 아프가니스탄에 군대를 보내고 전쟁에 4조 달러를 씁니다. 미국 경제의 경쟁력이 떨어지게 돼요. 반면 중국은 역대급 성장을 합니다. 중국이 열심히 일해서 성장한 것이 아닙니다. 미국이 맞은 위기 때문이었어요. 하늘은 중국에게 성장할 기회를 줬고, 미국은 거대한 위기를 맞아 산업이 대규모로 중국으로 가버립니다. 중국 산업구조 3분의 2가 다국적기업에 의해 움직이게 됐어요. 그들은 중국에서 연 23퍼센트의 수익을 내고 있습니다. 미국 다국적기업들은 중국에서 이익을 가져갑니다. 왜 미국 금융시장, 미국 주식시장이 급속도로 성장했을까요? 다우존스 지수와 S&P500 지수는 해마다 상승합니다. 다국적기업들이 중국과 같이 새롭게 출현하는 경제 발전 국가들 속에 들어가 이익을 내기 때문이지요. 그러니까 중국은 두 가지 면에서 미국 경제에 기여하고 있습니다. 하나는 그들의 산업이고 다른 하나는 그들의 주식시장입니다.

하지만 트럼프 대통령은 중국이 세계화로부터, 특히 미국으로부터 너무 많은 이익을 빨아들이고 있다고 비난합니다.

이렇게 말할게요. '미국에는 중국을 세계화로부터 분리시키려는 강력한 정치적 힘이 일어나고 있다. 특히 미국 달러 체계에서 분리시키려 한다. 그러나 이는 매우 영리하지 않은 지도력이다.' 차마 '멍청하다'라고 말하지는 못하겠어요. 그저 '매우 영리하지 않다'라고 하겠습니다. 역으로 이는 우리 중국인들, 또 우리 아시아 국가들에게는 반가운 소식입니다. 왜냐하면 우리가 세계화를 내던지고 싶어도, 우리는 할 수 없거든요. 비용이 어마어마하게 드니까요.

트럼프 대통령이 공화당 지지자들에게 말했어요. 미국 노동자들에게 일자리를 돌려주고 미국 가족들에게 안정을 주고 아메리칸드림을 약속하겠다고요. 정말 중대한 과업입니다. 그가 계속해서 자신의 정치적 주장을 관철시켜 다른 곳에 있는 모든 사람들로부터 미국을 떼어내 주기를 희망합니다. 그러면 정말로 위대한 일을 하는 겁니다. 우리 아시아인들은 그걸 해낼 수가 없어요. 그러니까 그가 성공해서 우리를 구해주면 좋겠어요. 세계를 구하는 겁니다. 인류가 우리가 왔던 우리의 대지로, 우리의 공동체 사회로, 우리의 문화로 돌아가는 거예요. 우리는 그에게 이렇게 축원해야 합니다. 트럼프 오래 사세요!

코로나19 바이러스는
현대화에 대한 강력한 비평

　　팬데믹은 어떻게 끝날 것 같습니까?

저는 과학자가 아닙니다. 바이러스가 어떻게 종식될지 예측할 수 없습니다. 다만 사회마다 문화적 행동이 다르다는 것을 염두에 두어야 합니다. 특히 서구 사회는 많은 확진자가 나왔고 사망자가 이어지고 있습니다. 그들은 이 파장이 어디까지 미칠지, 경제 위기는 언제까지 지속될지, 어떤 종류의 사회적 위기가 일어날지 더욱 알 수 없는 상황을 경험하고 있습니다. 어느 날 더 이상 이런 거대한 위기를 감당할 수 없을 만한 상태에 도달할 수도 있어요. 그럼 어떻게 될까요? 인

중국 산업구조 3분의 2가

다국적기업에 의해 움직입니다.

그들은 중국에서 연 23퍼센트의

수익을 내고 있습니다.

중국은 두 가지 면에서

미국 경제에 기여하고 있습니다.

하나는 그들의 산업이고

다른 하나는 그들의 주식시장입니다.

류에겐 엄청난 무기가 있습니다. 어쩌면 어떤 정치인들은 광기 어린 행동을 표출할지도 모릅니다. 저는 이런 상황에 대해 말하는 것조차 달갑지 않습니다.

문명사적으로 코로나19 위기가 의미하는 바는 무엇일까요?

바이러스는 현대화에 대한 일종의 비평문을 작성했다고 봅니다. 현대화가 우리의 머리채를 잡아 대지 밖으로 던졌어요. 인류는 자연과 분리되기를 바랐습니다. 우리는 성찰해야 합니다. '어떻게 다시 자연 깊숙이 뿌리내릴 수 있을까' 하고요. 인류는 독립적인 존재가 아니에요. 자연의 일부입니다. 바이러스의 도전과 마주한 지금 자연은 우리에게 각성하라고 호통칩니다. 가르침을 주려 하죠. 우리는 이 수업을 잘 듣고 어떤 행동을 할지 생각해야 합니다. 적어도 속도를 늦출 필요가 있어요. 질주하는 관성을 멈춰야죠. 그런 다음 자연으로 돌아가는 겁니다. 역사 속으로요. 우리의 오랜 문화로 돌아가면 됩니다. 그 속에 살아남을 방법이 있습니다. 제가 20년 전에 시작한 농촌 재건 운동도 중국에서 벌어지는 심각한 환경오염과 자연 파괴에 대한 각성에서 비롯된 겁니다.

2014년 인터뷰에서 당신은 공동체기반농업CSA 운동에 대해 말했습니다. 최근에 검색해보니 활발한 활동을 벌이는 도시와 마을이 2000곳이 넘더군요. 어떻게 이렇게 확산할 수 있었지요?

우리는 지역 단위 협동조합을 세웠어요. 개인과 농장들이 결합하고, 농촌 사람과 도시 사람들이 함께합니다. 지방정부뿐 아니라 중앙정부도 협동조합을 주목하고 있어요. 협동조합은 중국 전역에서 더 큰 운동으로 확산되었고, 중요성이 점점 커지고 있습니다. 무엇보다 우리는 농부들이 시장에서 협상 주체로 나설 수 있도록 조직했습니다. 그들이 서로 분리되어 있으면 자기 생산품의 가격을 결정하는 주체가 될 수 없기 때문이지요.

현대 농업이 갖고 있는 문제죠. 소비자와 생산자가 가격 결정에 영향을 미치지 못하고 그 사이에 자리한 유통과 판매 주체들이 이윤 논리로 시장을 움직인다는 점이요. 소비자로서도 식품의 질에 의문을 품게 만드는 구조입니다.

단지 농촌 사람들이 유기농 식품 생산자가 되고 도시 사람들이 유기농 소비자가 되는 것이 목적이 아닙니다. 그들 스스로 번성하도록 틀을 짜는 거죠. 그래서 농촌 재건 운동인 CSA 아래 다섯 개의 부문 운동도 벌이고 있습니다. 이 모두는 도시와 농촌을 연결하는 다리입니다. 소비자와 생산자를 연결하여 새로운 삶의 방식을 만들어내는 거지요.

불합리한 자본의 흐름에 맞서
노아의 방주를 구축하라

어떤 종류의 삶이죠?

도시 사람들은 농촌에 가고 싶어해요. 단지 건강한 음식을 즐기려는 것이 아니라 대지 가까이에서 맑은 공기를 마시고 샘물로 목을 축이며 자연을 누리고 싶은 겁니다. 특히 도시 중산층의 열망이 큽니다. 시골에 집이나 방을 빌려 주말 주택으로 삼고 머뭅니다. 자연생활을 즐기며 스스로 회복하는 삶을 지향하는 거죠. 경제적인 면을 보면 사회적 투자이기도 해요. 우리는 이러한 잉여 자본을 도시와 중앙에서 농촌으로 가져가는 겁니다. 농촌은 자본이 부족합니다.

또 다른 운동은 '우리의 고향을 사랑하자'는 의미를 담고 있습니다. 문화 교류를 위해 많은 시인, 음악가, 소설가, 화가, 가수, 예술인들이 함께합니다. 상업적인 공연이 아닙니다. 많은 사람들이 무대에 오르고 싶어합니다. 이들을 농촌뿐 아니라 도시에서도 조직해서 서로 문화를 교류하는 거예요. 시골 학교에 모여 글을 쓰고 노래하고 춤을 추며 자신들의 이야기를 담은 무대를 준비합니다. 이는 일종의 문화 이벤트를 이용한 자기 정체성 찾기예요. 중요한 사회운동이죠.

그리고 우리는 이주민 운동을 합니다. 농촌에서 해안 공업지대로 이주해온 인구가 거의 3억 명에 이릅니다. 그중 1억 6000만 명은 거주지 등록을 옮길 수 있었고, 또 다른 1억 2000만 명은 시골에 거주지를 둔 채 현금을 받는 일을 하며 삽니다. 그렇게 향촌을 탈출한 인구가 3억 명이고, 이들 모두 이주민으로 불립니다. 거대한 인구 이동이죠. 거의 미국 인구와 맞먹습니다. 우리는 이들 가족을 돕는 센터를 만들었어요. 젊은 부부들이 일을 나가면 아이들은 그저 거리를 배회합니다. 정식 인가를 받은 학교는 아니지만 아이들을 돌보고 교육 기회를 주고자 작은 단위로 공부할 수 있는 공간을 마련했습니다. 가족들의 자립을 지원하는 활동도 제공합니다. 노동조합은 아닙니다만 권리를 갖도록 돕고 있어요.

중앙정부나 지방정부로부터는 어떤 지원을 받나요?

중앙이나 지방정부에서 나오는 경제적인 지원은 없습니다. 하지만 여러 지방정부들이 함께하자고 제안합니다. 우리 자원봉사 그룹의 도움을 원해요. 저는 몇몇 지방정부 정책 싱크탱크의 초대를 받아 연구하고, 대학에 학과를 설치하는 데 협조했습니다. 2014년 즈음부터 우리 연구팀은 새로운 재건

프로그램을 개발했어요. 난시대학교에 농촌재건학과를 설치했죠. 정식 대학 과정입니다. 대학에서 모든 지원을 받습니다. 난시대학교에서는 지역에 여러 캠퍼스를 설치해서 농촌재건학과를 개설하고 있어요. 이들은 지방정부로부터 재정 지원을 받습니다. 푸젠성에서는 창조적인 재능이라는 의미로 '창재'라고 부르는 프로그램을 지방정부 지원을 받아 진행하고 있어요.

20년 전에 방송국 기자가 제게 와서 취재를 하며 묻더군요. 왜 이런 바보 같은 일을 하냐고요. 당시만 해도 언론사 기자들은 꽤나 직접적이고 거칠었습니다. 어쨌든 저는 제 일을 멈추지 않았습니다. 노아의 방주 아시죠? 우리의 일은 사람들이 방주를 짓도록 지원하는 거예요. 우리가 도시에 살건 농촌에 살건 서로를 인식하는 공동체를 건설할 수 있다면 그 공동체는 스스로를 보호하는 방주가 될 겁니다.

지속 가능한 사회를 위해 개인은 무엇을 해야 할까요?

우리는 서구 문화, 서구적 행동을 너무 많이 답습했어요. 스스로 변화해야 합니다. 무엇을 하든 생각해보는 거예요. 우리 부모님, 부모님의 부모님들은 어떻게 생각했을까? 우리에게 남겨진 역사적 유산은 무엇인가? 그러면 안전을 구축하리라 봅니다. 제가 요즘 되새기는 글귀가 있습니다. '반자

도지동反者道之動(되돌아가는 것이 도의 움직임이다_《도덕경》40장).' 상생의 틀로 나아가는 도道의 움직임에 대한 노자의 말씀입니다. 불합리하게 진행해온 세계 자본화 흐름이 지금 다각적으로 변화하고 있어요. 노자의 말씀을 되새기지 않을 수 없는 오늘입니다.

코로나19 속에서 당혹감에 빠져 있는 세계를 입체적으로 들여다보고 싶었다. 우리가 안고 있는 문제들이 어느 지점에서 증폭되어 발목을 잡는지, 우리가 모색하고 있는 대안적 방식들은 어느 지점에서 가능성을 더욱 획득하고 있는지, 여러 다른 봉우리에 올라 실제 세계를 부감해보도록 안내하고자 했다. 중국 농업 경제학자 원톄쥔을 만난 이유다.

　지난 10년 동안 50여 명의 세계 지성을 만나며 많은 인상을 받았는데 그 가운데 특히 도드라진 두 가지가 있다. 하나는 우리가 참으로 서구 사고에 익숙해져 있다는 점이고, 다른 하나는 그들 가운데 다수가 우리의 동양 철학과 시선(전체와 연결 속에서 주체를 인지하는)을 자신의 언어로 삼고 있다는 점이다. 역사 속에 면밀히 이어져온 동서의 소통이지만, 오늘날 더욱 빠른 속도로 서로를 인지하고 있다고 여겼다. 그럼에도 원톄쥔의 사유와 말을 통해 지구의 반을 모르고 살아온 나의 모습을 마주한다. 중국인의 시선, 중국을 이루는 다양한 목소리, 주류 언론이 다루지 않는 세계 곳곳의 여러 목소리를 듣지 못한 채 안다고 넘겨짚어왔다. 오늘의 흔들림이 우리 문명의 가려진 곳, 그늘진 곳까지 다 들춰내는 계기가 되길 바란다. 지구 문명의 바른 전환을 위하여.

왜 우리는
마이너스 성장을
두려워하는가

"문제는 성장의 질입니다.
온 국민이 편안하고
의미 있는 삶을 살게 하는
것이 경제의 목표라면
성장은 그 목표를 이룰
여러 수단 중 하나입니다."

장하준

영국 케임브리지대학교 경제학과 교수. 2003년에 신고전학파 경제학에 대한 대안을 제시한 경제학자에게 주는 뮈르달상을, 2005년에 경제학의 지평을 넓힌 경제학자에게 주는 레온티예프상을 수상함으로써 세계적인 경제학자로서 명성을 얻었다. 2005년에는 대한민국 대통령자문정책기획위원회 위원을 지냈으며, 2014년, 영국의 정치 평론지 〈프로스펙트〉가 선정한 '올해의 사상가 50인'에 오르기도 했다. 2018년 11월 영국 국립경제사회연구소NIESR 이사로 선임되어 5년 임기를 맡게 되었으며, 2019년부터 3년간 유엔경제사회이사회 개발정책위원으로 임명되었다. 주요 저서로는 《사다리 걷어차기》《케릭의 덫》《쾌도난마한국 경제》《그들이 말하지 않는 23가지》《나쁜 사마리아인들》《장하준의 경제학 강의》《국가의 역할》 등이 있다.

코로나19 바이러스로 어제까지의 문명이 한순간에 덜컹거린다. 그 동안 우리가 만들어온 구조가 참으로 위태위태하다는 것을 실감한다. 그 어느 때보다 '왜?'라는 질문이 필요한 시기이다. 한국 경제가 저성장으로 돌아선 지 5년여가 흘렀다. 성장률을 발표할 때마다 국가 재정은 허리띠를 바짝 조여왔다. 이제 성장률은 마이너스다. 2020년 1분기 발표에 따르면 세계는 저성장이라는 기본값을 안고 추락하고 있다. 각국 정부는 각자의 에어 매트 위치를 조정하며 어디에 착지할 것인지 가늠하느라 다급하다. 과연 마이너스 성장 시대에 우리는 안전할 수 있을까? 위기 때마다 단골로 등장했던 대량 해고 해법은 실제로 경제를 살려왔던가? 방역이냐 경제냐의 딜레마로 정책에 혼선이 빚어지는 가운데 우리는 무엇을 우선순위로 삼아야 하는가? 코로나19 위기를 돌파하고자 영국 케임브리지대학교 장하준과 함께 우리 경제를 진단하며 해법을 모색해보고자 했다. 4월 25일 온라인 화상으로 진행한 인터뷰이다.

단기적 효율성 중심의 신자유주의가
바이러스 앞에 약점을 드러내다

메르켈 총리는 코로나19 위기를 2차 세계대전 이후 최대 위기라 했습니다. 지금의 상황이 75년 만에 최악으로 치닫고 있는지요?

서구 중심적인 발언입니다. 다른 나라들은 2차 세계대전 이후에도 전쟁과 기근으로 많은 사람이 죽었어요. 베트남전쟁 300만 명, 6·25전쟁 3~400만 명, 1990년대 말에서 2000년대 초 콩고내전 때도 3~400만 명이 죽었죠. 1960년대 초 중국이 대약진운동을 할 때는 기근으로 1000만 명 이상이 죽었습니다. 재앙적인 상황은 예외로 치더라도 가난한 나라에서는 화장실과 하수 시설 부족, 영양실조로 매년 몇천만 명이 죽습니다. 그리고 공식적으로 집계는 안 되지만 기후변화로 증가한 재해 때문에 1년에 수십만 명이 희생당하고 있고요. 코로나19 사태가 느닷없는 충격으로 왔기 때문에 크게 다가올 수 있지만, 메르켈 총리의 발언은 지극히 유럽과 미국 입장에서 나왔다고 봅니다.

세계 경제에서 미국이나 유럽이 차지하는 부분이 크니 거기서 기침만 해도 많은 나라가 몸살을 앓습니다. 한국은 그 몸살 나는 국가에서 좀 빠져나온 건가요? 경제 규모가 세계 10위권 안팎인데요.

한국은 대외 경제 의존도가 높은 나라라 쉽게 빠져나올 수는 없을 겁니다. 산업화가 안 된 나라의 산골 자작농 말고는 전 세계가 얽혀 있어요. 기름값이 떨어지면 산유국은 힘들죠. 사우디아라비아같이 돈 많은 나라도 있지만 기름에 의존하는데 생산이 많지 않은 가난한 나라도 있습니다. 에콰도르 같은 나라들은 큰 어려움을 겪지요. 또 석유 수요가 떨어지면 수출이 안 되니 모든 나라가 어려워집니다. 특히 멕시코에 살면서 미국에 넘어가서 일하는 사람들, 폴란드에 살면서 독일에 넘어가서 일하는 사람들, 이들 중에 곤란한 처지인 사람들이 많아요. 피할 수 있는 사람은 아무도 없습니다.

그렇다면 구조를 살펴봐야겠습니다. 바이러스 하나로 전 세계가 긴장하고 경제 위기로까지 번지는 근본적인 이유는 무엇일까요?

전에는 주로 금융이 꼬인다든가 유가가 올라간다든가 하는 식으로 한 부분에 충격이 와서 위기로 번졌는데, 이번에는 생산마저 힘든 분야가 나왔습니다. 지난주에 사우스다코타에 있는 육가공 공장에 코로나19가 퍼져 문을 닫는 바람에 미국 전역에 돼지고기 공급이 차질을 빚었어요. 관광이나 스포츠, 극장처럼 사람들이 모여야 운영되는 곳도 어려워지고, 의류나 음식을 가공하는 노동집약적산업도 취약해졌죠. 게다가 지난 3, 40년 동안 세계화를 하다 보니 전 세계가 공급망으로 얽혔어요. 코로나19로 중국 경제가 마비됐을 때 한국과 독일에 있는 자동차 공장들은 영업을 못했잖아요. 중국에서 부품이 오지 않으니까요. 경제 시스템이 안전이나 유연성보다는 효율성, 특히 단기적인 효율성 중심으로 짜여졌기 때문입니다. 지금 그 약점이 노출된 거예요. 비행기나 전기 공급망, 유조선처럼 한 번의 사고가 큰 재앙으로 번지는 부문은 그에 대한 대비책이 많아요. 백업이 두세 개씩 있고, 어느 한 부분이 잘못되면 격리시켜 나머지 부분을 살리는 시스템이 있습니다. 지금의 경제 시스템은 그런 장치가 없습니다. 중국 시골에 있는 공장에서 시작해서 일고여덟 단계를 거쳐 모든 공정이 순조롭게 흘러가야 가능한 경제를 만들어놓았습니다. 더 취약할 수밖에요.

단기적인 효율성을 앞세우게 된 근본적인 이유는 단가 때문이겠지요?

뭐든 가장 싸게 만들어야 되니까요. 브렉시트 논쟁할 때 영국 사람들이 걱정하던 점이 있어요. 유럽의 자동차 공장들은 영국에서 부품을 만들어 벨기에로 보내고 거기서 뭘 끼워 독일로 보내고 독일에서 주요 부품을 끼워 다시 영국으로 보내면 또 다른 공정을 해서 프랑스로 가는 식인데, 유럽연합에서 탈퇴하면 그 공정 안에 있던 회사들이 영국을 떠날 것이라는 우려였죠. 지금의 경제 시스템은 이렇게 값싸게 만들려고 세계 구석구석을 엮어놔서 한 군데가 안 돌아가면 유지가 안 되는 문제가 있습니다.

코로나19 바이러스는
사회의 모순을 따라 확산된다

코로나19 위기가 지금까지 방식에 변화를 불러올까요? '세계화는 끝나고 국가주의로 갈 것이다', '아웃소싱했던 기업을 자국으로 불러올 것이다' 등의 전망이 나옵니다.

몇십 년 두고 보면 그럴 수도 있지만 현재로서는 쉬운 얘기가 아닙니다. 미국이 갑자기 '수입은 없다. 옷도 LA에서 만들고 아이폰도 샌프란시스코에서 만들자' 한다고 해서 하루아침에 되지 않죠. '세계화는 끝났다'라는 말을 저는 과장이라고 생각합니다.

그렇다면 단가를 낮추기 위해 기계화로 가지 않을까요? 아니면 반자동화를 통해 숙련 기술직 비율을 낮춰 노동 단가를 절감하고 비정규직을 늘리는 방향으로 갈 것 같은데요.

기계화는 하고 싶어도 못하는 경우가 있어요. 예를 들어 골프공은 대량생산하지만 야구공은 여전히 사람 손으로 만듭니다. 기계를 만들지 못하면 기계화가 안 되죠. 또 저임금 국가의 노동력이 워낙 싸기 때문에 기업 입장에서는 기계를 쓸 인센티브가 생기지 않는 경우도 있습니다. 공장을 철수하고 싶어도 그것을 막는 구조가 있듯 기계화도 마찬가지입니다.

그나마 예측할 수 있는 건 이번에 드러난 신자유주의의 치명적인 약점이 더 노골화될 수 있다는 겁니다. 신자유주의는 효율성을 높이려고 모든 위험부담을 약자에게 지웁니다. 긱이코노미라고 부르지만 실상은 노동자인 사람들을 법적으로 자영공급자로 만들어서 권리를 빼앗아요. 대부분의 나라에서 이들은 병가를 쓸 수 없습니다. 아파도 일하도록 감염병에 취약하게 내몰았고, 그 속에서 병이 확산되도록 방치했어요.

신자유주의는 효율성을 높이려고
모든 위험부담을 약자에게 지웁니다.
긱이코노미라고 부르지만 실상은
노동자인 사람들을 법적으로
자영공급자로 만들어서 권리를
빼앗아요. 대부분의 나라에서 이들은
병가를 쓸 수 없습니다. 아파도 일하도록
감염병에 취약하게 내몰았고,
그 속에서 병이 확산되도록 방치했어요.

지금이 전시와 같다고 한다면, 버틸 자산이 있는 사람들이 사는 곳이 후방이겠구나 하는 생각이 듭니다. 중산층에게는 저녁이 있는 삶이 찾아왔고요.

전쟁으로 치면 전방과 후방이 섞여 있는 거죠. 복지가 안 된 나라에서 가난한 사람들은 밖에 나가야 돈을 벌어요. 병에 걸려서 죽을지 안 죽을지는 몰라도, 일하지 않으면 굶어 죽는다는 사실은 확실하죠. 전방이에요. 영세자영업자들도 거의 대면 서비스 업종에 있습니다. 이분들은 자본가가 아니에요. 자본이 있어서가 아니라 사회 안전망이 없기 때문에 치킨집 사장님이 된 경우란 말이죠. 그런데 손님이 못 오니 문을 닫으면 망하고 열어도 불안하고, 딜레마입니다. 이분들을 어떻게 보호할지 생각해야 해요.

진짜 위기는 아직 시작되지 않았다
대규모 실업에 어떻게 대응할 것인가

각국에서 전에 없던 방식으로 지원책이 나오고 있습니다. 미국도 자영업자에게 두 달 치 비용을 지원해주고, 성인 1인당 1200달러를 주겠다고 했습니다. 캘리포니아의 경우는 불법 체류자에게도 500달러를 지원합니다. 이 정도면 경제에 미칠 파장을 막을 수 있는지요? 아니면 언 발에 오줌 누기가 될 까요?

긴급 상황이니까 현금을 지원해야 하는 것은 맞아요. 문제 는 이를 얼마나 유지할 용의가 있는가입니다. 유럽식으로 해 고를 안 하도록 하면서 나눠주는 방식과, 미국식으로 해고를 방치하면서 모든 사람에게 돈을 주겠다는 정책은 큰 차이가 있습니다.

미국에서 2008년 금융 위기 당시 일자리는 버리는 카드였습 니다. 한국의 경우도 1998년 외환 위기 속에서 대량 해고가 벌어졌고요. 특히 외환 위기 당시 노사가 함께 위기를 타개 했지만 이후 상시적인 구조 조정 시대가 열렸습니다. 위기에 서 벗어나는 해법은 늘 해고여야 하나요?

신자유주의적 해법이지요. 최소한 2차 세계대전부터 1970 년대까지 많은 나라의 주요 정책 목표는 완전고용이었습니 다. 대공황 시절에 겪은 실업 트라우마 때문에 국민들이 고 용 안정을 원했고, 국가가 이를 따랐습니다. 신자유주의가 등장하면서 고용 안정과 노동권이 다 약화됐어요. 미국은 지 난 3월 이후 6주 동안 신규 실업 급여 신청자만 3000만 명입 니다. 이도 유럽에 비하면 과소평가된 숫자예요. 미국은 신청 자격 요건이 까다롭거든요. 설사 3000만 명이 전부라고 해도, 미국 노동인구가 1억 6500만 명이니 18퍼센트에 해당하는데, 코로나19 이전에 실업률은 4퍼센트였어요. 보수적으로 잡아서 한 주에 300만 명씩만 더 나와도 한 달 후에는 실업률이 30퍼센트에 육박할 겁니다. 대공황 수준이죠. 경제적으로 봐도 돈만 쥐어주는 것보다 고용을 유지하고 월급을 정부가 보전하는 방향으로 가는 게 효율적입니다.

　　실업은 사회적 비용이 더 크지요.

그럼요, 심리적인 타격을 어마어마하게 받습니다. 실업 기간이 길어지면 갖고 있던 기술마저 노후돼 재취업하기도 힘들고요. 기업에서는 새 사람 데려다 훈련하려면 그 비용도 엄청나요. 예전에는 재교육 기간이 짧았죠. 봉제 공장 문 닫아도 4~5주 재교육을 받으면 전자 공장에서 일할 수 있었어요. 지금처럼 기술이 고도화된 시대에, 이를테면 철강이나 조선에서 일자리를 잃은 노동자들 보고 반도체로 옮기라고 하면 그게 쉽나요? 게다가 일자리 자체도 현격히 줄었습니다. 제가 보기에 이 상태가 2년은 갈 텐데, 어떤 방식으로 풀겠다는 건지 이해가 안 가요. 지금 당장은 돈을 준다고 하지만 그 실직 뒷수습을 어떻게 할 거예요?

더욱 자살을 권하는 구조가 될 것 같습니다.

미국은 빈곤층 가운데 5만 명이 매년 오피오이드Opioid(마약
성 진통제) 중독으로 죽습니다. 지금처럼 실업자가 늘고 먹고
살기 힘들어지면 좌절해서 약 먹고 술 마시고 아프거나 죽
는 분이 더 생길 겁니다. 한국도 세계에서 자살률 1위잖아요.
1990년대 중반까지는 OECD 평균 이하였어요.

　사회학자들은 자살이 급증하는 이유를 단순하게 도식화할
　수는 없지만 사회적 가치가 급변할 때 증가하는 경향을 보인
　다고 말합니다. 자신의 가치가 추락했을 때 자살을 선택하는
　경향성이 있죠. 집단 해고와 같이 존재감이 무너지는 일들과
　연결된다고 봅니다.

저는 한국에서 자살이 급증한 이유를 IMF 체제하에서 고용
안정성이 줄고 고용 불안이 일어났기 때문이라고 봐요. 점점
개인주의 경향을 띠는 사회구조 속에서 복지 제도는 그에 발
맞춰 발전하지 않았고, 대가족제도에서 돌봄이 이뤄져오던
방식도 해체되어 생긴 사회현상이라고요.

외환 위기로 달라진 노동의 풍경
코로나 이후 어떻게 변화할 것인가

결국 오늘날 우리가 직면하는 문제의 상당 부분은 IMF 체제 속에서 가속화된 신자유주의 영향이라는 거군요.

1980년대 말부터 우리나라 엘리트들 가운데 미국 모델을 바라는 사람들이 많이 나왔어요. 경제기획원 관료들이 '경제계획을 없애야 한다, 이는 시장주의에 어긋난다'라는 얘기를 했습니다. 자기 부처의 의무가 경제계획인데 경제계획은 나쁘다는 발언을 하고 다닌 거죠. 묘하게도 소위 운동권 출신들도 동조했어요. '산업 정책은 군부독재가 하던 파쇼 정책이다'라는 식으로요. 그렇게 경제기획원이 해산되고, 경제개발 5개년 계획도 없어지고 산업 정책도 거의 폐기되죠. 기업들도 문민정부가 들어오고 적극적으로 신자유주의 체제를 추진합니다. OECD 가입 조건 중 하나로 자본 시장을 상당히 개방하고 해고를 쉽게 하는 노동 유연화 정책을 들여왔는데, 특히 전경련에서는 주주 자본주의 논리를 들여와 정부가 기업을 간섭하면 안 된다는 주장도 했습니다.

이렇듯 IMF 전부터 신자유주의를 위한 토대가 이미 형성되고 있었습니다. 정부 크기를 줄이고 기업에 더 많은 자유를 주자는 정책 과정에서 외환 위기가 터진 것이죠. 영화 〈국

가 부도의 날〉에서 재정국 차관으로 나오는 사람이 한 말이
당시의 분위기를 잘 보여줍니다. "해고 쉽게 하고, 구조 조정
쉽게 하는 시장주의를 퍼뜨려야 하는데 노동계, 시민단체에
서 반대해서 못하고 있다. 지금이 기회다"라고요. 뒷이야기
지만 IMF가 깜짝 놀랐다고 합니다. 저항할 줄 알았는데……

투항을 한 거죠.

네. 신자유주의 체제가 외환 위기 이후에 확립되면서 정부들
도 그 질서로 간 거예요. 물론 차이가 없는 건 아니죠. 이명
박, 박근혜 정부는 완전히 극단적으로 나갔고, 노무현 정부는
FTA와 동북아 금융 허브를 내세우면서 김대중 정부보다 더
우파적으로 나갔습니다. 그래도 이 두 정부는 클린턴이나 영
국의 토니 블레어, 나중에 오바마가 말한 제3의 길과 비슷한
걸 합니다. 즉, 경제는 시장에 맡겨야 하지만 그러다 보면 희
생자가 나오니까 그들을 도와줘야 한다는 논리죠. 골수 신자
유주의는 '희생자는 봐줄 필요 없다. 그들이 못나서 그런 거
다'라고 하는 거고요. 그렇지만 규제를 완화하고 경제를 대
자본에 맡기겠다는 논리는 똑같습니다.

그 시기 언론도 사회 안전망까지 바라보지는 못했습니다. 당
장 사업장의 구조 조정을 해야 하는가 마는가에 매몰되어 여

론이 형성됐고, 노동 쪽에서도 구조 조정에 맞서 싸우기 급급했죠. 해고를 당해도 안전한 사회를 그릴 수 없는 상황이었습니다. 최근 쟁점이 되는 최저임금제나 고용보험제 등이 사회 안전망인데요, 이를 강화함으로써 어떤 효과를 기대할 수 있을까요?

노동권, 최저임금제, 복지 제도 이런 것들이 사회 안전망이죠. 1950~60년대 스웨덴 사민당의 구호 중 하나가 "안전하다고 느끼는 사람은 대담할 수 있다Secure people dare"였어요. 안전망이 있어야 과감하게 새로운 선택도 하고, 직업도 바꿔보는데 우리나라엔 지금 그게 없습니다. 다들 공무원 되려고 하는 이유가 뭐겠어요? 안전을 찾는 거잖아요. 그러니까 진짜 안전망을 만들어줘야죠. 핀란드, 스웨덴 같은 곳은 실업 급여가 최종 월급의 60~70퍼센트예요. 우파 정권이 들어오면 60퍼센트 정도로 내리고, 좌파 정권이 들어오면 70퍼센트에서 75퍼센트까지 올립니다. 2년 동안 받을 수 있고 우리나라 입시 코디가 붙듯이 재교육도 하고 직업 알선도 하지요. 그러니 이들은 구조 조정이나 기술 혁신에 별로 저항하지 않아요. 미국과 우리나라는 90퍼센트가 노조 가입이 안돼 있습니다. OECD 최저 수준이죠. 그렇지만 두 나라 다 조직된 10퍼센트는 목숨을 걸고 싸웁니다. 직장을 잃으면 세상이 끝나니까요. 코로나19로 모든 논의가 함몰되고 있지만,

몇 달 전까지 우리 정부가 매달렸던 구호는 혁신이었습니다. 안전이 담보되지 않으면 혁신은 나올 수 없습니다.

코로나19 위기를 계기로 전체 산업 체계가 변화할 경향이 보이나요?

같은 산업이라 해도 어떤 식으로 재조직되느냐에 따라 생산 방식이 바뀌는 분야가 나올 수도 있겠죠. 하지만 지금 상태에서는 예측하기 힘듭니다. 지나고 나면 패턴이 보일 겁니다. 다만 한 가지, 이 위기 속에서 사람들이 깨달은 게 있습니다. 미국에서는 에센셜임플로이cssential-employees, 영국에서는 키워커key-worker라고 부르는 사람들이야말로 모두가 생존하는 데 기본이 되는 필수 노동을 한다는 점요. 의료진, 음식 파는 가게 직원, 배달 노동자, 양로원에서 일하는 사람들……. 지금까지 저임금으로 일해온 노동자들이 많이 포함되어 있습니다. 봉쇄 상황에서 이런 말들이 나와요. '이제 보니 투자 은행가는 없어도 살 수 있지만 이들 없으면 못 살겠구나!' 우리 사회에서 중요한 일이 과연 무엇인가를 다시 생각해야 해요. 코로나19 위기가 끝나고 이들 분야에서 저임금으로 일하는 노동자들에 대한 대우가 달라질 수도 있을 겁니다.

가장 저임금으로 방치된 부분이 돌봄 노동입니다. 지방정부

소속이라든지 공적 영역으로 포용할 수는 없을까요?

여러 나라에서 돌봄 서비스를 육성하고 양로 시설 같은 사회복지시설을 국유화하고 있습니다. 영국의 경우 대부분의 의료가 국영이에요. 우리식으로 말하면 다들 공무원이죠. 아니면 규제를 강화해 노동조건을 개선할 수도 있습니다. 유아원에서 교사당 돌볼 수 있는 아이들 수를 줄인다든지, 양로원에서 돌볼 어르신 수를 줄이는 규제를 도입하면 일자리가 많이 생기죠. 이럴 경우 기업과 소비자 부담이 늘어나니 자꾸 안 하려는 건데, 규제가 처음 들어올 때는 굉장히 나쁠 것 같지만 실제로는 기업과 사회가 조화롭게 적응합니다. 옛날에 미국과 영국에서 아동노동을 없애자고 할 때, 미국에서 노예제 폐지하자고 할 때 경제 망한다고 격렬한 반발이 일었던 걸 떠올려보세요. 그때 안 망했어요. 시장이 갖는 나름의 논리가 있지만 그 논리는 결국 정치 논리이기 때문에 우리가 바꿀 수 있습니다. 필요하면 바꿔야 해요.

불안을 구조 조정하고
안전망을 공동 구매하라

　　정부에서 제도적으로 안전망을 세울 만한 아이디어는 뭐가 있을까요?

이번 코로나19 위기를 통해 배운 게 있다면 복지 제도가 잘된 나라 사람들은 고통을 덜 받고 더 안전할 수 있다는 점이라고 생각해요. 예를 들어 미국 같은 경우 자꾸 봉쇄를 풀자고 시위합니다. 이를 단순히 인종주의나 국수주의, 트럼프 지지자들의 문제로 해석하는 사람들이 있지만, 가게를 열고 길에 나서지 않으면 밥 먹기 힘든 사람들이 시위를 하는 거예요. 유럽에서는 이런 움직임이 그렇게 강하지 않죠. 기본 생활을 보장하는 나라들이 많으니까요.

'돈이냐 목숨이냐'라는 정치적 프레임으로 접근하기보다는 제도를 정비하며 일자리 보장 같은 안전망을 만드는 것이 중요하다는 거죠?

그렇죠. 워낙 복잡한 문제라 고려할 점이 많지만 장기적인 조치와 단기적인 조치를 병행해야 합니다. 현금 지원 못지않게 왜 취약한 사람들이 이렇게 고생하며 병을 통제하기 힘든가를 생각해 제도 개선을 시작해야 합니다. 바이러스가 2년 갈지 3~4년 갈지 모르니 장기적으로 대비해야죠. 앞으로 기후변화로 인한 재해도 점점 늘어날 겁니다.

아시아나항공에 마이너스 통장 형태로 한도 대출을 열어준 데 이어 대한항공에도 1조 2000억 원 지원이 결정 났습니다. 노동자들 가운데서 지원받고도 똑같이 사주 논리대로 경영할 거면 국유화하라는 목소리도 나옵니다.

정부 돈 받아서 주주 이익을 위해 하던 대로 운영한다면 국유화하는 게 맞아요. 국민 세금에서 나가는 지원이니 국민을 잘살게 하는 방향으로 지원 조건을 제시해야 합니다. '세금을 더 내서 복지국가를 만드는 데 협력해라. 노동권 강화하자. 비정규직을 최대한 줄여서 안전하게 일하도록 해라. 병가 받도록 해서 감염병 걸려도 일해야 하는 환경을 없애라. 녹색 기술에 더 투자해라……' 조건은 매우 많습니다. 사회가 너무 자본의 이익을 중시하는 방향으로 오다 보니까 생각이 자본 중심적으로 굳어졌어요. IMF가 개발도상국에 지원할 때 얼마나 많은 조건을 붙입니까? 중앙은행에 독립성을 줘라, 지방분권 해라, 아주 웃기지도 않잖아요. 그런데 기업들이 돈 받을 때는 조건 하나 없이 줍니다. 그게 뭡니까? 지금이야말로 잘못된 제도를 개선할 수 있는 절호의 기회입니다.

4월 22일에 대통령이 한국판 뉴딜을 하겠다고 발표했습니다. 다음 날 시멘트 주가가 솟구쳤어요.

1930년대 뉴딜만 생각해 길 닦고 댐 지을 것을 예측하니까 시멘트 값이 올라간 겁니다. 뉴딜을 그렇게 생각하는 건 구시대적인 발상이죠. 한국 뉴딜의 내용을 정확히 알지 못해 답하기는 힘들지만 아직 정부도 정교한 계획을 짠 것은 아니라고 봅니다. 미국의 뉴딜을 모델로 삼는다 하더라도 알아야 할 것이 있습니다. 뉴딜이 두 번 있었어요. 1차 뉴딜은 루스벨트 대통령이 당선되자마자 1933년에 테네시강 유역 개발 공사라고 해서 길 닦고 댐을 지었습니다. 1935년 2차 뉴딜은 제도 개혁이에요. 와그너법을 실행해 노조 권한을 강화했고, 사회보장법을 제정해 사회보장 제도를 만들었습니다. 진짜 미국을 따라간다면 제도 개혁을 하는 뉴딜을 해야죠.

코로나19 위기에 대한 대응으로 지방정부에서도 중앙정부에서도 돈을 줍니다. 많은 사람들이 '이제 마이너스 성장인데, 이렇게 돈을 다 퍼주면 우리 애들은 어떻게 되나? 우리 세대가 다 써도 되나?' 하고 걱정합니다. 기재부 공무원들이 정부 정책에 반대하는 걸 사육신에 빗대기도 하고요.

틀린 경제 논리입니다. 빚내서 돈 쓰는 것 자체가 잘못됐다고 하면 대학 가려고 학자금 융자를 받아선 안 되고, 빚내서 사업하면 안 되죠. 빚을 내더라도 나중에 소득이 더 늘어나면 빚을 내는 게 더 잘하는 일 아닌가요? 정부가 돈을 빌려 단기적으로 재난지원금을 주고, 실업 급여액을 올려 수요를 유지하면, 기업들도 그 속에서 돈을 벌 수 있어요. 수요가 완전히 붕괴하면 기업들은 더 망합니다. 정부가 돈을 빌려 경제 전체 생산성을 높이는 곳에 투자하면 장기적으로 우리 경제가 더 커지죠. 지금 돈을 빌리면 안 된다고 얘기하는 사람들은 기업들도 부채 하나 없이 장사해야 한다고 얘기해야 해요.

더구나 한국은 재정이 엄청나게 건전한 나라입니다. GDP 대비 국채 비율이 40퍼센트 정도 되는데, 세계 최저 수준이죠. 스웨덴, 덴마크, 노르웨이 같은 북유럽 나라들이 35~40퍼센트 사이로 가장 낮고, 한국이 그다음으로 낮아요. 한국은 2008년 금융 위기 났을 때 빼고 정부 재정이 매년 흑자입니다. 오죽하면 OECD같이 보수적인 기관에서 한국은 돈을 더 써도 된다고 그러겠어요. 저는 우리 경제를 '자린고비 경제'라고 부릅니다. 무조건 안 쓰는 게 좋다고 생각하니까요. 한국같이 매년 재정 흑자만 내는 나라는 없습니다. 재정이 가장 건전한 북유럽 나라들이 바로 복지가 세계에서 가장 잘 돼 있는 국가들이라는 것도 눈여겨볼 만합니다. 복지 잘한다고 재정이 부실해지는 게 아니라는 거죠. 미국이 맨날 재정 건전성 입에 달고 살지만 GDP 대비 국채 비율이 100퍼센트도 넘어요.

북유럽은 경제가 전반적으로 안정을 갖췄기 때문에 복지도

빚내서 돈 쓰는 것 자체가

잘못됐다고 하면 대학 가려고

학자금 융자를 받아선 안 되고,

빚내서 사업하면 안 되죠.

빚을 내더라도 나중에 소득이 더 늘어나면

빚을 내는 게 더 잘하는 일 아닌가요?

수요가 완전히 붕괴하면

기업은 더 망합니다.

안정적으로 유지되는 건가요?

우리는 복지에 대한 기본석인 이해가 잘못돼 있어요. 돈 있는 사람들한테 거둬서 가난한 사람들한테 주는 걸로 생각해요. 그런데 북유럽식 복지는 사회보험을 공동 구매하는 겁니다. 의료보험, 교육보험, 연금보험 등을 국민이 공동 구매하는 거예요. 미국이 복지 지출을 적게 한다고 말하지만 복지 지출이 높은 나라 중 하나입니다. 많은 부분이 개인 지출이죠. 공공 지출만 보면 프랑스, 핀란드, 스웨덴 같은 나라들은 국민소득의 30퍼센트를, 미국은 20퍼센트만 지출하니까 미국이 복지 지출을 안 하는 거 같죠? 하지만 개인이 쓰는 복지 지출까지 합하면 핀란드 다음으로 많아요. 그럼에도 의료보험 체계가 잘못돼 다른 나라의 두 배를 쓰고도 선진국 중에 최하위 건강 지표를 보이죠.

미국은 사보험이라 병원 문턱을 넘기가 장애물경주와 같습니다. 보험료에 따라 보장해주는 내용이 천차만별인데다 시작부터 비용이 상당히 높고요. 코로나19 피해가 큰 요인으로 사보험 체계도 꼽히고 있습니다.

그게 큰 문제죠. 말하자면 복지는 월마트 논리예요. 어느 한 병원이 제약 회사에 가서 1만 명분 당뇨병약을 달라 하는 것하고 정부에서 700만 명분 당뇨병약을 달라고 하는 것 중 누가 더 좋은 가격을 받겠어요? 공동으로 구매해 가격을 낮추는 거예요. 어떻게 지금 돈 쓰면 나중에 자식들이 고생한다는 아주 저열한 논리로 얘기를 하고, 그 말이 또 다수에게 먹히는지 저는 잘 모르겠어요.

교육은 어떻게
계급 재생산의 도구가 되었나

정부가 긴급재난지원금을 발표하면서 상위 30퍼센트는 제외한다고 했다가 100퍼센트로 확정 지었는데요. 그 논의가 진행되는 한 달 동안 작동한 프레임이 있습니다. '과연 누가 상위 30퍼센트인가?'입니다. 대학을 나오고 중견기업에서 일하거나 전문직에 종사하는 상당수가 기득권임을 확인했지요. 스스로 중산층이라고 주장하며 열심히 자식 뒷바라지를 하는 상위 소득자들입니다. 인식하지 못한 사이에 다수의 중년은 지위를 누리고 있었고, 그 지위와 소득에 따라 문화 자산마저도 자녀에게 세습되는 게 현실입니다.

그것이 계급사회의 본질이에요. 우리나라는 일제강점기, 6·25전쟁, 토지개혁을 겪으며 사회가 굉장히 평평해졌어요.

교육도 한몫을 했죠. 주입식 교육을 하고 일률적인 시험을 통해 사람을 뽑다 보니 계층 상승하기 좋은 시스템을 갖추게 됐어요. 빈농의 집안에서 대법관도 나오고 교수도 나왔습니다. 문제는 그러다 보니 교육에 대한 맹신이 생겼어요. 모든 것이 교육으로 정당화되는 사회가 돼버린 거죠. 좋은 학교 나오면 무조건 잘났다는 식으로요.

한 세대가 지나 교육의 에스컬레이터를 타고 올라간 사람들에게 이제는 자기 자식을 보호하고 싶은 애착이 생깁니다. 바뀐 대학 입시 제도의 명목은 좋았어요. 달달 외는 공붓벌레보다 생각도 많이 하고 글도 잘 쓰고 사회봉사도 많이 하는 애들을 뽑아야 한다는 겁니다. 그런데 그게 결국은 돈 많은 애들 뽑자는 거예요. 의도는 그렇지 않았을지 몰라도 결과는 그래요. 지금 돈 많은 집 애들이 공부 잘하잖아요.

부모의 경제적 능력과 열성에 점수를 매기는 셈이지요. 교육이 계급 재생산의 수단이 되었습니다.

미국에서 배워온 겁니다. 지금 미국은 더 심해요. 오죽하면 미국 대통령 후보로 나왔던 버니 샌더스가 아메리칸드림을 이루고 싶으면 스칸디나비아 국가로 이민 가라고 했겠습니까. 미국은 더 이상 기회의 땅이 아니라는 거죠. 그 핵심에 교육이 있습니다. 미국과 비교하면 영국은 대부분의 대학이 정부로부터 돈을 받아 운영하는 국립 학교예요. 그러다 보니 대학입시 때 자기소개서를 500단어만 쓰게 합니다. 학교도 다섯 곳만 지원할 수 있고요. 가난한 집 아이도 들어갈 틈이 생긴 거죠. 미국은 스무 곳씩 지원할 수 있고, 학교에 맞춰서 자기소개서를 써야 하니까 결국 부잣집 아이들이 컨설턴트 동원해서 쓰든지 아니면 교육 잘 받은 부모가 도와주든지 합니다. 게다가 대놓고 동문 자녀 입학 특혜도 주죠. 그렇게 교육이 계급 재생산 체제가 되어가는 거예요.

수치로 얘기하면 미국 같은 경우 소득에 따른 부모와 자식의 상관관계가 80퍼센트 정도예요. 부모를 누굴 만나느냐에 따라 자녀의 미래가 결정되는 사회죠. 덴마크나 핀란드 같은 북유럽은 30퍼센트밖에 안 돼요. 대부분이 능력으로 결정된다는 얘기입니다. 모두 공교육이고 가난한 사람들도 어느 정도 안정된 생활을 하죠. 솔직히 돈 없고 어려우면 부모들 맨날 싸우고 애들 공부할 맛이 나겠어요?

물론 예전 한국 교육에도 문제가 많았습니다. 암기를 강요하는 주입식 교육이었죠. 그런 교육 환경을 바꾸는 과정에서 의도는 선했을지 모르지만 지금은 완전한 계급 재생산 체제가 됐습니다. 우리도 부모가 자녀의 미래에 미치는 영향이 20~30퍼센트인 사회를 만들어야 해요. 평등한 조건을 만들지 않고 공정성만 이야기하는 건 기득권 세력에게 계속 잘살게 해주겠다고 약속하는 거나 마찬가지입니다. '왜 이런 사회가 만들어졌나'를 생각해야 해요. 현재는 코로나 때문에 가려져 있을지 몰라도 우리가 정말 들여다봐야 하는 문제입니다. 단순히 입시 제도만 바꾼다고 될 일도 아니고 복지 제도도 확대해야 하고, 사회적인 문화도 많이 바꿔야죠.

사회 이동성을 높이려면 분배 정책을 잘 해야 하는데요. 한국은 종합부동산세만으로도 저항이 큽니다. 금융 투자로 더 많은 수익을 얻는 다수는 놔두고 왜 부동산에만 세금을 매기냐는 항의도 있고요.

부동산은 공급이 제한되어 있어 가격이 계속 올라갈 수밖에 없어요. 빼돌리기 힘든 만큼 세금 매기기 좋으니 그쪽을 겨냥하는 거죠. 어느 한 부분만 찍어서 하기보다는 전반적으로 다 같이 세금 더 내고, 많이 버는 사람들은 그 비율에 따라 더 내게 해서 복지 공동 구매를 최대한으로 늘려야 합니다. 우리 아이들이 유사한 조건에서 공정한 경쟁을 하도록 나아가야 돼요. 그러다 보면 그 과정에서 뭘 더하고 덜할 지 기술적인 문제가 나오는데, 왜 금융은 봐주고 부동산만 때리느냐고 할 수도 있고, 직접세 비율이 낮은데 왜 올리지 않느냐는 말도 나오겠죠. '소득세와 재산세 중 무엇의 비율을 더 높여야 하는가?' 이런 건 전문적으로 논의해야 할 부분도 많기에 시간을 들여야 하고요. 그럼에도 방향은 확실합니다. 우리 사회를 조금이라도 공정하고 구성원들이 덜 좌절하도록 만들려면 복지 제도를 강화하고 그에 필요한 세제 개혁을 해야한다는 거죠. 불평등 문제를 획기적으로 개선하려면 누진세를 적용하고 복지를 확대하는 수밖에 없어요. 지금보다 복지를 두 배로 늘려도 미국 정도입니다. 유럽 수준 되려면 세 배이상 늘려야 하고요. 저는 우리 사회가 이 말은 꼭 명심하면좋겠어요. 불평등하면 잔인한 사회가 됩니다.

마이너스 성장 시대
한국은 어떤 전략을 써야 하는가

저성장이 5년 이상 계속되고 있습니다. 이제는 마이너스 성장이 기본값이 된 듯합니다. 중국도 지난 분기 성장률을 마이너스 6퍼센트로 발표했고요. 우리는 대중국 무역 의존도가 높은데 어떤 전략을 써야 할까요?

장기적으로는 몰라도 당분간은 성장률이 많이 낮아질 겁니다. 충격이 왔기 때문이지요. 신자유주의 체제에서 맨날 성장, 성장 외쳤지만, 그렇게 경제성장이 잘된 것도 아니에요. 도리어 옛날 케인스주의 시대보다 더 안 됐어요. 저는 개발도상국의 경우 성장이 중요하지만 선진국은 다르다고 봅니다. 한국도 이제 선진국에 포함시켜야죠. 선진국들은 더 이상 성장할 필요가 없습니다. 기후변화 때문에라도 성장을 안 하는 게 좋고요. 문제는 성장의 질입니다. 성장을 얼마나 공평하게 나누느냐에 있죠. 온 국민이 편안하고 의미 있는 삶을 살게 하는 것이 경제의 목표라면 성장은 그 목표를 이룰 여러 수단 중 하나입니다. 성장을 하면 덩치가 늘어나 나누기도 쉽고 목표를 이루기 수월하죠. 문제는 신자유주의 체제에서는 성장을 해도 그 과실이 상류층에게만 집중되는 데 있어요. 보통 사람한테는 별 의미를 못 줘요. 성장 수치를 셈하는 방법에도 문제가 있었죠. 브라질에서 아마존 열대우림을 파괴하고 소를 키워 소고기 수출로 돈을 아무리 많이 번다 해도 그 일로 가뭄이 들어 농사가 망하는데요.

마이너스 성장일 때는 문제가 달라지지 않나요? 경제가 활기를 잃게 되는데요. 그래도 살 만할까요?

저는 마이너스 성장 자체가 문제라기보다는 어떻게 마이너스 성장이 나왔느냐가 중요하다고 봅니다. 마이너스라는 건 평균적인 생활수준이 떨어진다는 얘기니까 대처하기에 힘은 들겠죠. 하지만 환경주의자들 가운데는 역성장degrowth이라고 해서 선진국들은 마이너스 성장을 해야 한다고 주장하는 이들도 있어요. 이번에 코로나19로 봉쇄를 하면서 많은 사람들이 전보다 음식을 안 버린다고 합니다. 식품을 덜 생산해도 똑같이 잘 먹을 수 있다는 뜻이지요. 의류도 패스트패션이라고 해서 한 번 입고 버리는데, 예를 들어 안 입고 버려지는 옷이 10퍼센트라고 하면 세계 의류 생산량이 10퍼센트 줄어도 우리 삶의 질은 관계없을 수 있다는 이야기입니다.

마이너스가 어떻게 해서 왔느냐, 그 결과가 얼마나 잘 나눠지고 얼마나 지속 가능하느냐를 포괄적으로 봐야 합니다. 당장 숫자 자체가 마이너스 6이다, 마이너스 3이다, 이런 건 중요하지 않아요. 성장을 안 해도 제도를 잘 바꾸고 복지를 잘하면 국민 생활의 질은 올라갈 수 있어요. 옛날에는 밥 먹고 사는 게 중요하니까 '어떤 수단을 써서라도 성장을 더 하자'라는 생각을 했지만, 지금은 그런 단계가 아니잖아요. 국민 소득 3만 달러 나라에서 '좋은 사회를 만드는 게 뭔가'를 생각해 봐야죠. 과연 우리가 '어떤 사회를 만들어야 하느냐'에 대해서 제대로 얘기해본 적이 있는지 묻고 싶어요.

'양'에서 '질'로의 전환점
분배 구조를 어떻게 재편할 것인가

이상주의적인 질문을 하고자 하는데요. 제가 2014년 인터뷰했던 스리랑카의 민중 지도자인 아리야라트네A. T. Ariyaratne 박사는 간디의 가르침을 강조했습니다. "가장 마지막에 놓여 있는 사람이 최우선이다The last is the first." 우리 사회 가장 마지막에 있는 사람이 안전할 때 그 위에 있는 모두가 혜택을 누린다는 가치죠. 경제정책으로 받아들여질 수 있다고 보시는지요?

논리를 보자면 미국의 정치철학자 존 롤스John Rawls의 정의론 같은 주장인데요. 롤스는 가장 안 좋은 사람들에게 가장 좋은 환경을 제공하는 체제가 가장 정의로운 체제라고 이야기했습니다. 철학적으로는 간명한 얘긴데, 이 말을 곧이곧대로 해석하다 보면 실제로 뭘 해야 할지 갈피를 잡기 어렵죠. 저는 모든 사람이 기본권을 누리고, 굶지 않고, 아플 때 돈 걱정 안 하고 병원에 갈 수 있고, 어느 수준까지 교육받을 수 있는 정책이라고 봐요. 육아가 됐건 고등교육이 됐건 노후가 됐건, 우리가 흔히 보험을 사야겠다고 생각하는 그런 분야를 사회가 나서서 공동 구매해주고 자기가 태어난 계급이나 성별, 지역에 관계없이 능력과 노력으로 올라가는 부분을 최대한으로 키우는 방식을 생각하면 구체적으로 아리야라트네나 롤스가 원하는 사회를 만들 수 있지 않을까요.

코로나19 방역에서 월등한 모범국으로 대통령 지지도가 고공 행진합니다. 총선을 통해 거대 여당도 탄생했습니다. 정부와 민주당이 마음먹으면 다 할 수 있는 시간이 왔는데요. 반드시 이뤄내라고 요구하고픈 당부가 있다면요?

이번에 한국 참 자랑스럽죠. 전 세계에서 코로나19 방역을 제일 잘 했어요. 하지만 우리에게는 아직도 창피한 세계 최고 기록이 너무 많아요. 자살률 1위, 간단히 볼 일이 아닙니다. 코로나19로 사람 죽는 건 안 되고, 미래에 대한 희망이 없어서 죽는 건 괜찮은가요? 출생률은 거의 세계 최저에, OECD에서 남녀 임금 격차는 최고예요. 젊은이들이 좌절하고 이민 가고 싶다는 나라입니다. 잘한 거는 자화자찬이라도 해야 하지만 잘한 걸로 못한 것을 덮을 수는 없어요. 잘 해낸 경험을 계기로 우리가 힘을 모으면 큰일도 할 수 있구나 깨달았을 때 큰 개혁을 해야죠.

복지 제도도 제대로 도입하고, 교육 제도도 최대한 공정하게 개선하고, 세제도 최대한 공평하게 사람들의 노력을 인정하면서 연대도 조성할 수 있도록 바꿔야 하고, 할 일이 많죠. 코로나19 잘 대처했다고 자축하면서 계속 건전 재정 외치고 예전처럼 한다면 어떻게 될까요? 지금 아무것도 안 하면 이 위기가 끝나고 5년이 지난 후에도 자살률 1위, 출생률 최저, 남녀 임금 격차 최고, 그런 한심한 나라가 될 거예요. 하지 않으면 안 바뀝니다.

코로나 이후 과연 어떤 '뉴 노멀'이 도래할지에 대한 의문과 기대가 부풀고 있다. 그러나 새로운 질서는 저절로 다가오지 않을 것이다. 어제까지 축적된 문제가 코로나19 위기 속에서 오늘을 파괴하듯, 풀지 못한 오늘의 고통이 내일을 파괴할 수 있다. 어쩌면 내일도 어쩌지 못할 고통의 세습으로 이어질지도 모른다. 이제 잔혹하게 다가올 수 있는 새로운 질서를 막기 위해 전체를 생각하며 과감히 행동할 때이다.

4장
혐오와 사랑

새로운 정치의
가능성은
어디에서 오는가

"모든 사람이 인간으로서
품격을 누리는 삶의 기본을
보장받는다면 세상의
두려움은 줄어들 겁니다.
두려움이 줄면 혐오도 함께
줄어듭니다."

마사 누스바움
Martha C. Nussbaum

세계적으로 저명한 법철학자, 정치철학자, 윤리학자이자 고전학자, 여
성학자이다. GDP가 아닌 인간의 행복에 주목하는 '역량 이론'을 창시
했고 그의 이론은 유엔이 매년 발표하는 인간개발지수HDI의 바탕이 되
었다. 뉴욕대학교에서 연극학과 서양고전학으로 학사 학위를, 하버드
대학교에서 고전철학으로 석사와 박사 학위를 받았다. 하버드대학교
철학과와 고전학과 석좌 교수, 브라운대학교 석좌 교수를 거쳐 현재 시
카고대학교 철학과, 로스쿨, 신학교에서 법학, 윤리학 석좌 교수로 있
다. 학문적 탁월성을 인정받아 미국철학회 회장을 역임했으며, 1988
년에 미국학술원 회원으로, 2008년에 영국학술원 해외 회원으로 선
출되었다. 저서로는 《시적 정의》《인간성 수업》《혐오와 수치심》《감
정의 격동》《혐오에서 인류애로》《정치적 감정》《역량의 창조》《지혜
롭게 나이 든다는 것》 등 다수가 있다.

우리의 감정은 온전히 사적이지 않다. 사회의 가치가 반영된다. 코로나19 바이러스가 장기화되면서 우리 사회에 박혀 있던 혐오 또한 세분화되어 분출하고 있다. 동시에 연민과 보살핌, 성찰도 자리를 비집고 들어섰다. 세계적인 법철학자인 마사 누스바움은 성찰의 출현이 편견과 혐오를 넘어 사랑의 정치로 가는 발판임을 강조한다. 지속 가능한 사회를 위하여 어떤 가치를 가져가야 할지, 안전과 자유 그리고 정의에 대하여 시카고대학교 마사 누스바움과 이야기 나눴다. 시카고에서 코로나19 바이러스 확진자가 치솟던 4월 23일 이뤄진 인터뷰이다.

따로 함께하는 연대의 시간
바이러스는 우리를 갈라놓지 못한다

코로나19 위기는 경제 위기, 정치 위기 그리고 윤리 위기로까지 번졌습니다. 이 위기에 대한 당신의 해석이 궁금합니다. 당신이 삶 속에서 마주했던 역사적 사건들에 견주어 현재의 위기는 어떻게 다가오나요?

그동안 꽤나 평온한 삶을 살아왔구나 하고 여깁니다. 그 순탄한 시간 속에서 일상의 모든 것이 가장 거대하게 뒤틀어졌던 시간은 베트남전쟁 기간이었어요. 그 속에서 일어난 문화적 붕괴는 사회에 대한 믿음과 타인에 대한 기대를 무너뜨렸습니다. 그때의 위기는 지금의 위기와 매우 다릅니다. 베트남전쟁은 명백히 잘못된 참사였고 어쩌면 피할 수 있던 재난이었습니다. 빨리 종결될 수도 있었을 거고요. 이 모든 이유로 당시 우리 세대는 명확한 역사적 임무를 수행했습니다.

군대 징집을 거부하고 항의했어요. 그 전쟁에서 실제 벌어진 최악의 상황 중 하나는 중산층 남성 대부분이 징집에서 제외됐다는 겁니다. 그들은 쉽게 열외로 빠졌습니다. 전쟁의 짐은 오로지 노동계급과 비주류 남성들에게만 지워졌죠. 제 주위에서 실제 징집된 사람은 단 둘뿐이었습니다. 여성인 저 또한 징집에서 면제됐고요. 그러니까 개인에게 부과된 위험이라는 관점에서 보면, 당시 우리들은 계급별로 격리되었죠. 그 부조리만큼 위험에서 비켜난 이들이 져야 하는 항의의 의무는 더 컸습니다.

문화 전체를 가로질러 격변이 일었습니다. 청년들은 전쟁을 지속시키는 '군수산업 복합체'에 맞섰습니다. 나이 든 세대는 저항하는 청년들을 힐난했고요. 부모들은 자식들에게 말을 걸지 않았어요. 자식들은 부모들의 사고를 경멸했습니다. 그 모든 시간 동안 인도차이나반도에서는 베트남인과 미국인이 아무런 당위성 없이 죽어갔습니다. 오늘날 우리는 베트남전쟁이 실수였다는 것과 국민의 군대가 국민을 속였다는 것을 압니다. 현재의 위기는 완전히 다릅니다. 오늘 우리가 맞닥트린 코로나19 위기는 거짓과 게으름에서 오지 않았습니다. 물론 누구나 쉽게 진실한 데이터에 접근할 수 있어야 하지만 여전히 그렇지 못합니다. 그럼에도 이 위기는 우리 사회를 50년 전만큼이나 양 갈래로 찢어놓지는 않았습니다. 우리 모두가 이 위기 속에서 함께합니다.

그렇다면 이 위기 속에서 당신에게 가장 상징적으로 다가온 장면이 있을까요?

저는 우리를 에워싸는 공동체 정신을 보며 놀라움을 느끼고 있어요. 서로 다른 사회단체들이 연대하여 각자의 요구를 해결하고자 애씁니다. 제가 살고 있는 시카고시의 슬로건이 매우 상징적이죠. "따로 함께하자Together Apart." 텔레비전 공익광고에 각각 작은 상자 속에 들어 있는 100여 명의 시카고 시민들 얼굴이 나옵니다. 나이도 다르고 인종도 다르지만 함께하고 있다는 메시지를 전해요. 그러니까 정확히 분리된 상자 안에서 각자가 떨어져 있는 상황에 동의하며 서로를 응원하고 있다는 뜻이에요. 그리고 또 하나의 상징적인 모습이 있습니다. 호숫가 정경입니다. 시카고 시내에 있는 제 아파트에서는 아름다운 미시간호가 내려다보입니다. 물가를 따라 자전거 길과 조깅 트랙이 둘러져 있고 공원이 있죠. 시카고 시민들에게 큰 기쁨을 주는 장소입니다. 지금 그곳엔 아무도 없습니다. 모든 사람들이 시장의 명령에 따르고 있는 거죠. 제가 증언합니다. 베트남전쟁 기간에는 이러한 화합된 모습은 없었습니다.

팬데믹은 우리 안에 숨겨진 편견과 혐오를 드러냈습니다. 서구에서는 아시아 이민자에 대한 증오가 물리적인 폭력으로 나타나고, 중국에서는 코로나19 바이러스가 막 퍼지기 시작한 아프리카에서 온 방문객을 노골적으로 차별합니다. 게다가 코로나19 뉴스는 점점 더 정치적으로 해석되고, 정치인은 자신에게 유리하게 왜곡하여 이득을 취합니다. 혐오는 어떻게 작동하나요?

당신은 나와 매우 다른 세상에 살고 있는 것 같아요. 편견과 혐오가 숨겨져 있다고 말하니까요. 제 인생을 통틀어 편견과 혐오가 숨겨져 있던 적은 단 한순간도 없었습니다. 특히 미국에서는 더더욱요. 제가 어렸을 때 아프리카계 미국인은 아무런 이유 없이 살해당했어요. 그들은 동등하게 교육받을 권리도 투표할 권리도 누릴 수 없었습니다. 이와 동시에 공산주의자라고 의심받는 이들은 일터에서 쫓겨났습니다. 유대인은 로펌에서 자리를 얻을 수 없었고요. 대부분의 여성들은 대학에서 입학을 거부당했고, 대부분의 직장에서 경쟁할 기회조차 얻지 못했습니다. 게이와 레즈비언은 정체성을 숨겨야 했으며 악의적인 핍박을 받았죠. 이 중 어떤 부분은 조금 나아졌는지 모르지만 이런 형태의 편견이 완전히 사라지지는 않았습니다.

한국은 다른가요? 제가 한국을 방문했던 2008년에 여자 대학교 학생과 여성 교수들이 제게 매우 불평등한 대우를 받고 있다고 말했습니다. 그들은 자신들을 향한 편견이 결코 숨겨져 있다고 생각하지 않았어요. 그 뒤에도 성적 지향과 법에 대한 책이 한국에서 번역될 때 서문을 써달라는 제안을 받았는데, 편집자가 한국에서 일어나는 성소수자를 향한 혐오를 다룬 기사들을 제게 보내줬습니다. 기사를 읽으며 저는 한국 상황이 매우 나쁘다는 것을 확신하게 됐고 당사자들 또한 자신들을 향한 혐오가 결코 숨겨져 있지 않다고 생각하는 것을 느꼈습니다. 이는 제가 제2의 조국이라고 서슴없이 말하는 인도도 마찬가지입니다. 이슬람교도에 대한 편견이 대놓고 자행됩니다. 2002년 대학살을 유발했던 혐오 방식은 지금도 떳떳이 살인을 자행하는 명분으로 더욱 퍼져가고 있습니다. 그러니까 저는 이 질문에 대한 답을 이렇게 시작할 수 있겠죠. 만약 이 세상에 어느 나라라도 편견과 혐오가 완벽히 숨겨져 있는 곳이 있다면 저는 정말이지 놀라움에 잠기고 말 거라고요.

코로나19가 촉발한 혐오의 이면에서
새로운 정치의 가능성을 엿보다

당신 말처럼 혐오는 숨겨져 있다고 하기엔 너무 일상적으로 포착됩니다. 그렇다고 해도 그 강렬한 감정이 왜 이토록 현실에서 힘을 발휘하는지 골몰하게 합니다. 당신이 언급한

2002년 인도 구자라트주에서 벌어진 대학살은 성지순례를 다녀오던 힌두교도들이 열차 화재로 숨지며 일어났습니다. 힌두교도들은 이슬람교도가 불을 낸 것이라고 선동했고, 이들은 3개월 동안 1000명이 넘는 이슬람교도를 살해하는 무차별 보복을 자행했습니다. 이렇게 극단적이지 않더라도 분노를 특정 집단 탓으로 돌리는 정치 방식은 대중 정치에서 점점 더 교묘하게 활용되고 있습니다. 왜 민주주의마저 왜곡하는 집단 혐오가 대중의 마음속에서 위력을 발휘할까요?

두 가지 차원의 혐오가 있다고 생각해요. 첫째는 몸에서 배출되는 분비물, 노폐물에 대해 느끼는 혐오입니다. 대소변, 피, 콧물 등 우리의 동물성에 대한 거부 표현으로 모든 사회에서 작동하죠. 시체는 확실히 혐오스럽습니다. 이 혐오에는 일종의 원시적인 두려움이 있어요. '나는 동물과 다르다'라는 차별 의식을 가지고 동물적 본성을 혐오하는 겁니다. 이런 사고 속에 또 다른 종류의 혐오가 파고듭니다. 문화 차원의 혐오로 저는 이를 '투사 혐오projective disgust'라고 불러요. 문제는 여기에 있습니다. 부패, 냄새, 분비물 같은 역겨운 특성을 우리 사회의 특정 집단에 투사해 그들을 종속시킬 전략으로 사용하기 때문입니다. 이 혐오는 대체로 약한 집단을 향합니다. 그들을 동물적이라고 묘사하죠. '동물적인 성적 취향은 그들에게나 있지 나한테는 없다. 고약한 냄새는 그들에게서만 난다!' 말도 안 되는 거짓말이죠. 미국 백인들은 흑인들에게 고약한 냄새가 난다며 동물로 취급했지만 사실 모든 인간은 다 비슷비슷한 냄새를 풍깁니다. 이렇게 타인을 종속시키려는 전략으로 작동하는 혐오는 흑인, 여성, 성소수자 등을 동물적인 존재로 만들면서 모든 인간이 갖는 동물성을 부정해왔습니다.

코로나19 위기는 몇 가지 혐오를 다시금 강화했어요. 당신이 언급했듯이 미국에 있는 동아시아계 사람들이 편견과 낙인의 대상이 되었죠. 이는 지난 20여 년 동안 두드러지지 않았던 혐오입니다. 전에는 이렇게까지 심각하지 않았어요. 미국의 대통령이 이를 부추기고 있다고 봅니다. 반면에 지금의 위기 속에서 어떤 편견은 오히려 현실을 여실히 보여주면서 편견과 혐오가 사회에 미치는 부정적인 영향에 대해 대중들이 의문을 갖고 비판하도록 작동하고 있습니다.

제가 사는 시카고는 아프리카계 미국인들이 다른 인종들에 비해 매우 불균형적으로 바이러스에 취약한 상황을 보여주고 있어요. 흑백 분리 거주가 뚜렷이 자리 잡은 시카고에서 아프리카계 미국인들이 더 많이 죽어가고 있다는 사실이 드러났죠. 불평등한 조건이 만들어내는 현상에 대해 사람들이 주목하기 시작했어요. 미국 전역에 걸쳐 매우 의미 있는 대화를 촉발시켰습니다. 주거지와 주거 상태, 건강보험 가입 여부, 그리고 영양가 있는 음식이나 식재료에 접근할 수 있

부패, 냄새, 분비물 같은 역겨운 특성을

우리 사회의 특정 집단에 투사해

그들을 종속시킬 전략으로 사용하는

혐오가 문제입니다. 이런 혐오는

흑인, 여성, 성소수자 등을

동물적인 존재로 만들면서

모든 인간이 갖는

동물성을 부정해왔습니다.

는지 여부가 얼마나 건강에 근본적 영향을 미치는지 알게 되었고, 이에 대한 비판 의식을 불러일으켰습니다. 말하자면 지금 시카고와 일리노이주에서 저는 혐오 정치의 이면을 봅니다. 이는 자기 비판 정치, 사랑의 정치를 위해 반드시 선결되어야 하는 자아 성찰 정치라고 할 수 있어요.

우리 모두가 바이러스 앞에서 취약해졌듯이 인간은 모두가 연약하다는 깨우침이 확산된다면 이 코로나 위기에서 벌어지는 혐오 정치에 대한 성찰이 일어나리라 봅니다. 그럼에도 현재 벌어지는 세대 간의 골은 안타깝습니다. 코로나19 바이러스로 노년층 사망자가 속출하자 미국의 젊은이들은 이를 부머 리무버boomer remover(부머 제거제, 여기서 '부머'는 베이비붐 세대인 노년층을 가리키는 단어)라고 불렀습니다. 이는 노년 세대에 대한 내재된 혐오 아닐까요? 약자를 제압하려는 혐오와는 다른 결이라고 보여집니다. 노년 혐오에서 읽히는 사회적 심리는 무얼까요?

저는 단 한 번도 들어본 적이 없습니다. 하긴 누가 제 앞에서 그 말을 쓰겠어요! 확실히 제 얼굴을 맞대고는 그런 용어를 쓰지 않을 겁니다. 하지만 사람들 사이에 노인, 나이 든 사람들에 대해 질색하는 그런 종류의 혐오는 있습니다. 이 또한 결코 숨겨져 있지 않죠. 모든 종류의 편견과 낙인은 그 누구도 피할 수 없는 죽음과 동물성에 연결돼 있습니다. 나이 든 사람들은 실제로 죽음에 가까이 있죠. 그리고 이 죽음을 직접적으로 대표하고요. 그렇기 때문에 다른 유형의 혐오에 비해 문화적인 요인이 적게 작용합니다. 노년에 대한 혐오는 그냥 상대의 주름진 몸이 나의 미래와도 연결된 죽음의 그림자이기에 나와 그 몸을 분리시키려는 직접적인 반응으로 표현됩니다. 반면에 소수자 그룹이 동물성과 죽음을 상징하고, 그로 인해 혐오의 대상이 되는 것은 '그들은 동물일 뿐이다'라는 서사를 품은 일종의 문화적 판타지를 통해서입니다.

우리는 이러한 편견을 거부할 필요가 있습니다. 그리고 나이 든 몸에 대한 낙인이 모두 사실인 것도 아닙니다. 노년 세대의 몸 역시 꽤 괜찮게 작동하고 있으니까요. 대통령 후보인 조 바이든은 78세입니다. 그와 경쟁했던 버니 샌더스는 79세이고, 하원의장인 낸시 펠로시는 80세입니다. 그나저나 만약에 그 끔찍한 표현인 '부머 리무버'가 실제로 코로나19 바이러스를 가리키는 용어로 사용된다면 이는 잘못된 표현이에요. 미국에서는 고위험군에 속한 사람들을 80세 이상으로 보는데, 이들은 베이비붐 세대가 아닙니다. 2차 세계대전 이후 태어난 세대를 지칭하는 말이기에 73세인 트럼프 대통령, 그리고 5월 6일에 73세가 된 저야말로 베이비붐 세대라고 불릴 수 있는 가장 나이 많은 사람들이죠.

혐오는 우리를 갈라놓지만
취약함은 우리를 뭉치게 한다

코로나19로 많은 생명을 잃고 있습니다. 이런 상황에서 인간
으로서 취약함을 인식한다는 것은 어떤 의미일까요?

저는 저를 둘러싸고 있는 엄청난 자비로움을 봅니다. 오늘의
위기에 맞서는 사람들의 모습은 확실히 베트남전쟁 때와는
다릅니다. 당시에는 사람들에게 아무런 자비로움이 없었어
요. 심지어 미국 군인들이 죽어나가고 있어도요. 목숨을 잃
은 베트남 사람들에 대해서는 그 어떤 자비도 베풀지 않았습
니다. 베트남전 참전용사 기념관에는 단 한 명의 미군 전사
자 이름도 쓰여 있지 않고, 얼마나 많은 베트남 사람이 죽었
는지에 대한 언급도 전혀 없습니다.

　지금은 어떤가요? 저는 매일매일 텔레비전과 신문에서 코
로나19로 사망한 이들에게 전하는 따스한 말과 마주합니다.
가족들이 전하는 감동 어린 기억들과 함께요. 바로 이 자비로
움 속에 모두가 취약한 존재라는 인식이 함께 있습니다. 좋은
예 중 하나는 CNN 방송인 크리스 쿠오모Chris Cuomo의 모습입
니다. 그는 바이러스에 감염돼 정말 심각한 상태였어요. 거의
3주 동안 앓았는데, 매일 밤 자기 집 지하실에서 방송을 했습
니다. 가족들과는 격리된 상태였죠. 오한이 나서 몸을 떨고 땀

을 줄줄 흘려도 사회적 거리를 지키며 혼자 있었어요. 크리스는 방송을 통해 모두에게 자기가 얼마나 두려움에 사로잡혀 있는지 고백했습니다. 이는 연민과 포용의 몸짓이었습니다.

혐오는 우리를 갈라놓지만, 취약함은 우리를 뭉치게 하는 걸까요?

맞아요. 저는 요양원에서도 취약함을 함께 나누며 공감하고자 하는 몸짓을 발견합니다. 매일 밤 텔레비전 뉴스에는 요양원에 있는 85세 이상 노인들 사이에서 바이러스가 확산되고 있다는 뉴스가 나옵니다. 그 속에는 우리 모두는 하나의 세계 속에서 일부로 살아가며 다 같이 이겨나가야 한다는 메시지가 함께합니다. 저는 이 바이러스가 평소에 싫어하던 사람들에게도 동정심을 갖게 만드는 그 어려운 일을 했다고 생각합니다. 그러니까 제가 특히나 싫어하는 정치인 중 한 사람이 보리스 존슨 총리인데요. 최근 그에게 어마어마한 자비심을 보내고 있는 제 모습을 발견했습니다. 그가 회복하기를 간절히 바라는 거예요. 매일 아침 잠에서 깨자마자, 심지어 침대에서 나오기도 전에 구글 검색창에 적습니다. '보리스 존슨 건강.' 이런 일이 생겼습니다. 어쩌면 제가 그를 어릿광대일지언정 뼛속 깊이 악마라고 생각하지는 않아서겠죠. 누구나 당할 수 있는 불가항력적인 힘에 타격을 입은 사람들에게 공감하지 않을 방법이란 없습니다. 연민의 마음을 거부하기란 여전히, 정말로 힘이 듭니다. 노인에 대한 혐오가 죽음에 대한 공포로부터 온다는 말을 했지요. 역설적으로 우리가 죽음을 두려워하는 이유는 삶이 훌륭하고 세상이 그만큼 아름답기 때문입니다. 때로 연민과 자비 같은 사랑의 감정이 혐오만큼 강렬할 수 있다는 뜻입니다.

단일한 '유교적 가치'는 없다
지금 우리에게 필요한 섬세한 시선

우리는 종종 민주주의 대 권위주의라는 위험한 이분법으로 혼란을 겪습니다. 동아시아 국가들의 성공적인 코로나19 위기 대응에 관해 서구 언론들은 유교적 전통에서 나온 권위에 대한 복종이라고 해석했습니다. 그러나 우리가 생각해보아야 할 점은 국가의 성격이기보다 '국가와 시민들이 어떠한 관계를 맺어나가야 하는가' 아닐까요.

알다시피 서구 언론에는 멍청한 사람과 똑똑한 사람이 함께 있지요. 문제에 대해 깊게 생각하는 사람이라면 그 누구도 '유교적 가치'로 동아시아 문화를 단정적으로 정의하지 못합니다. 전통을 공유하며 산다고 해서 그 사회 속에 어떤 하나의 사상만 있다고 치부할 수 없지요. 꽤 분명하게 공자는 소크라테스만큼 난해합니다. 두 분 모두 직접 쓴 글이 남아 있지 않습니다. 그리고 아시아 전통은 엄청나게 다양하고 풍부해서 아주 많은 다양한 정치적인 사상을 담고 있어요. 아시아 사람들의 지성과 다양성을 존중하는 사람이라면 누구라도 이에 대해 '무엇이다'라고 단정하는 말을 할 수 없습니다.

저는 제 분야인 철학에서 아시아의 전통에 대해 무지하다는 점을 느끼며 자주 고통받고 있습니다. 이에 대해서는 교토상을 수상할 때 공개적으로 말하기도 했고요.(마사 누스바움은 2019년 출간한 《두려움의 군주제 *The Monarchy of Fear*》로 교토에서 저작상을 받았다.) 또, 저는 많은 사람들이 아시아에 대해 갖고 있는 빈약한 인식을 바로잡으려는 노력도 하고 있습니다. 2021년부터 2022년까지 열리는 '비서구 철학과 법'에 관한 워크숍에서 이를 깊이 있게 집중적으로 조망할 겁니다.

그리고 국가와 시민의 관계는 엄청난 정치철학적 주제입니다. 이 짧은 인터뷰 속에 풀어놓는다는 것이 오히려 질문에 대해 우리가 고려하고 숙고해야 하는 지점들을 제한할 수 있다고 봅니다. 그만큼 아주 풍부하고 흥미로운 답들이 비서구와 서구 전통에 있습니다. 저는 여러분이 차분히 둘의 전통 그리고 그 전통에서 나온 수많은 위대한 저작들을 공부하기를 권합니다. 서구와 비서구를 모두 공부하고 그런 다음 스스로의 생각을 찾아가는 길로 나서기를 바랍니다. 저는 제

책도 제 수업도 저만의 생각으로 채우지 않습니다.

현재의 위기에서 자유와 안전은 충돌합니다. 안전을 위해 개인 정보가 공개되고 있지요. 사회학자들은 사태가 진정되더라도 국가의 통제 관행은 퇴각하지 않을 것이라고 경고합니다. 지난 40년간 시장 주도 세계화 과정에서 시장의 힘은 우리의 소비를 통제해왔습니다. 각자의 일상생활이 빅데이터가 되어 정부와 기업으로 흘러가죠. 자유와 안전의 균형을 어떻게 유지할 수 있을까요?

사람들이 이를 정말 문제라고 생각하고 있나요? 자유와 안전은 지금까지 약 20년 동안 법학계에서 가장 많이 논의되고 있는 문제 중 하나입니다. 법원도 디지털 시대에 개인 정보를 보호할 권리를 정의하기 위해 애씁니다. 예를 들어 최근에 영장 없는 스마트폰 조사를 헌법으로 금지했습니다. 우리는 매일매일 투항하고 있는 개인 정보에 대해 세심하게 인지해야만 합니다. 그나마 개인 의료 정보는 우리가 당면한 문제 중에서 가장 덜 심각한 부분입니다. 의료 정보의 움직임은 꽤 잘 파악되고 있고, 우리도 잘 이해하고 있으니까요. 그리고 법이 이 분야에서 우리의 권리에 대해 분명한 입장을 취하고 있습니다. 하다못해 독감 예방주사를 놓을 때도 접종자의 권리를 상세히 설명하는 양식에 서명하지 않으면 주사를 놓지 못합니다. 반면에 마케팅 부문에서 소비자들의 모든 데이터를 수집하여 축적하는 방식은 더욱 교활하여 방심할 수 없습니다. 온라인 구매 정보부터 소셜미디어 기록은 물론이고 스마트폰 속 정보까지 모든 데이터를 수집하죠. 우리는 이를 걱정해야만 합니다.

제 소셜미디어에 어느 과자 광고가 계속 올라오길래 생각해 보니 그날 오전에 신용카드로 그 과자를 구매했더라고요. 과연 정부는 개인 정보가 어느 범위까지 거래되는지를 파악하고 있는지, 그리고 기업은 대체 어떤 투자자들과 어떻게 연결되어 있는지 의심스럽습니다.

우리는 개인 정보를 보호하기 위해 지금보다 훨씬 세심하고 더 나은 권리를 보장하는 법률 작업을 해야 합니다. 대부분의 사람들은 자신의 정보가 팔려나가고 있다는 것조차 잘 알아차리지 못합니다. 저는 이런 우려 때문에 스마트폰을 쓰지 않고 소셜미디어도 하지 않습니다. 하지만 많은 사람들은 그러지 않죠. 또 그러기 어려운 조건에 놓여 있는 경우도 부지기수이고요. 우리는 위험에 노출되어 있습니다. 그리고 코로나19 상황 속에서 각 나라는 안전을 위해 개인의 사생활 보호를 어느 정도까지 희생할지에 대해 논의해야만 합니다. 보안 카메라는 있을 만한 가치가 있어 보입니다. 꽤 많은 범죄

를 감지하고, 대부분의 사람들이 공공장소에서는 사생활 보
호를 기대하지 않으니까요. 하지만 안전과 자유의 문제에 대
해 우리 모두가 제대로 이해하기 위해서는 밟아나가야 할 과
정이 많습니다. 아직 갈 길이 멀어요.

인간 역량에 초점을 맞춘 사회정의로
두려움과 혐오에 맞서는 정치를 구현하라

만약에 우리가 지속 가능한 사회를 만들고자 기존의 이윤 중
심 질서를 고쳐나가겠다고 여론을 모은다면 지금의 위기는
도리어 기회가 될 수도 있다고 봅니다. 우리가 구현해야 할
사회정의는 무엇일까요.

저는 시장경제를 내던져야 한다고는 생각하지 않습니다. 이
는 경제성장의 큰 동력이고 빈곤과 불행으로부터 수많은 사
람들을 구해냈습니다. 우리의 평균수명도 1900년보다 두 배
길어졌고요. 저는 경제학자 앵거스 디턴Angus Deaton이 쓴《위
대한 탈출The Great Escape》을 매우 좋아합니다. 우리는 더 잘 규제
할 필요가 있습니다. 확실히 미국의 건강보험은 문제가 많아
요. 그리고 앞서 흑인에 대한 편견이 낳은 결과가 차별에 대
한 성찰을 촉발했듯 사회 여러 분야에 걸쳐 정의에 대한 논

쟁이 지금 일어나고 있다고 봅니다.

우리가 구현해야 할 정의는 인간이 각자 자신의 역량을 개발하도록 존중하는 것입니다. 정의에 대한 최소한의 개념은 제가 주장하는 역량 순위에 있습니다. 인간의 역량을 창조하는 조건을 10대 핵심 역량으로 정리했지요. 평균수명을 누릴 수 있는 조건, 건강을 보호할 권리, 자유롭게 이동할 수 있는 신체 보전, 자존감을 지키며 타인과 관계 맺을 수 있는 조건 등입니다. 모든 항목에서 최저 기준을 채운다면, 그 사회는 정의로운 사회로 불릴 수 있습니다.

우리가 누구는 질 낮은 교육을 받아도 되고 일할 기회가 없어도 된다고 생각하는 동안, 평등을 추구하는 일은 어떤 분야에서건 대단히 어려워집니다. 인간의 역량을 개발하기란 참 복잡한 일이죠. 왜냐하면 사람들은 어떤 면에서 품위 있을 수 있지만, 다른 면에서는 자못 끔찍할 수 있거든요. 저는 노동계급의 삶이 반드시 나아져야 한다고 생각하는 사람들 틈에서 자랐어요. 하지만 그들은 경제적 평등을 주장하면서도 엄청나게 성차별적이고 호모포비아적이었습니다.

모든 사람이 인간으로서 품격을 누리는 삶의 기본을 보장받는다면 세상의 두려움은 줄어들 겁니다. 두려움이 줄면 혐오도 줄어들죠. 우리 자신이 취약할 때 다른 집단에게 그 탓을 돌리고 싶어 하는 욕망이 생기거든요. 사회 안전망을 확충하는 것이 중요합니다. 의료 시스템을 강화하고, 존엄을 지킬 수 있는 최저임금을 보장하고, 모두가 교육받을 기회를 누리는 안전망이 갖추어진다면 불안은 훨씬 줄어들 겁니다. 요컨대 우리는 전방위적으로 밀고 나가야 합니다. 또한 이슈가 있을 때마다 각 분야 활동가들을 뒷받침하는 용감한 지지자가 됩시다.

마사 누스바움은 전방위적으로 밀고 나가야 한다고 강조한다. 각 분야에서 역사의 바퀴를 앞장서 밀고 가는 활동가들을 뒷받침하는 용감한 지지자가 되자고 요청한다. 바이러스의 공포 속에서 우리의 마음은 움츠러들었다. 긴장이 온 신경을 곤두세워 나와 타인을 분리시키려 했다. 그 긴장 속에서 우리는 스스로를 지키고자 날을 세웠지만 여전히 마음 한 켠을 열어 타인의 곁으로 다가갔다. 함께함으로써 스스로를 지킬 수 있다는 오래된 생존법을 살려낸 것이다. 아래로부터 일어난 성찰의 정치는 연민과 공감 그리고 연대의 마음을 일으켰다. 코로나19가 전 세계를 휩쓸고 있는 이때, 바이러스만큼이나 강력하게 제도적 차별에 대한 경각심을 일깨우는 흐름들이 만들어지고 있다. 코로나19로 위축된 상황에서 "흑인의 목숨은 소중하다Black lives matter"가 분리된 우리를 하나로 묶는 언어로 등장했듯 성찰의 정치가 사랑의 정치로 이어져 이 땅의 '뉴 노멀'로 자리하길 희망한다.

우리는
질병과 죽음 앞에
평등한가

"미래에 감염병이
팬데믹으로 확산되는
상황을 막고자 한다면
먼저 사회 구성원들이
회복 탄력성을 갖추도록
사회 조건을 변화시켜야
합니다."

케이트 피킷
Kate Pickett

영국 요크대학교 역학과 교수. 케임브리지대학교에서 형질 인류학을, 코넬대학교에서 영양학을, 캘리포니아주립대학교 버클리에서 사회역학을 공부했다. 시카고대학교에서 교수로 재직했으며, 2007년부터 2012년까지 영국국립건강연구재단 선임과학자로 참여했다. 영국왕립학회, 영국공중보건기구 회원이자 요크평등위원회와 생활임금위원회 위원이다. 2009년 리처드 윌킨슨Richard Wilkinson과 함께 쓴 《평등이 답이다》가 〈뉴스테이츠먼〉 선정 지난 10년간 출간된 책 열 권 목록에, 그해 국제정치학회 선정 최고의 책에 꼽혔다. 신자유주의 경제 구도 속에서 지속 가능한 성장과 평등을 위한 연구를 지원하고 모든 정보를 공개하는 공익 재단 이퀄리티 트러스트The Equality Trust의 공동 창시자다. 2013년 평등 수호를 위한 연대의 공을 인정받아 실버로즈상을, 2014년 아일랜드암학회로부터 찰스컬리 기념 메달을 수상했다. 최근에는 리처드 윌킨슨과 함께 소득 격차와 사회적 지위가 정신 건강에 미치는 영향력을 밝힌 《불평등 트라우마》를 썼다.

코로나 시대를 살아가는 마음이 복잡하다. 경제적 위협을 받지 않는다 해도 행동과 감정을 옥죄어오는 압박이 피로를 넘어 포기하고 싶을 정도라는 호소가 일고 있다. 하지만 이어지는 집단감염 뉴스는 긴장을 고조시킨다. 과연 코로나19 바이러스 위협은 언제쯤 종료될 것인가. 우리가 세워야 할 건강 시스템은 무엇이며, 오늘을 압박하는 불안은 실제 어디에서 오고 있는지 공공 역학자 케이트 피킷과 추적해보고자 했다. 유럽 각국이 코로나19 봉쇄 조치를 완화하기 시작한 5월 중순, 여러 차례 서면으로 질문과 답을 주고받았다.

미국은 왜
코로나19 대응에 실패했나

팬데믹 상황이 언제까지 이어지고 어떻게 막을 내릴까요?

영국 정부는 코로나19 상황에 대해 발표할 때마다 "과학을 따를 뿐"이라는 표현을 씁니다. 이 표현이 함의하는 바는 단순하지 않아요. 감염됐던 사람들이 면역력을 갖고 있는지, 갖는다면 얼마나 오래 지속될지, 어떤 백신이 어떻게 효과를 발휘할지, 그리고 코로나19 바이러스가 어떻게 적응하고 돌연변이를 일으키는지 우리는 아직 알지 못합니다. 과학은 고정되어 있지 않으며 진화하고, 종종 꽤 복잡하게 나타나죠. 수정 구슬이 아닙니다. '구슬아 구슬아 코로나가 어떻게 막을 내릴지 말해주렴.' 간절히 불러도 과학은 답을 할 수 없습니다.

그렇다면 현재를 점검하며 안전을 살피는 것이 최선일 텐데요. 공공 역학자로서 왜 코로나19 바이러스가 유럽과 미국에서 그토록 심각하게 퍼졌다고 생각하나요? 의료 시스템이 마비되는 상태까지 갔습니다.

의료 시스템의 양상은 꽤 다르게 나타나고 있어요. 영국은 역학 모델링을 통해 중증 환자용 병상이 아주 많이 필요할 것으로 예상했고, 대규모 특수병원을 런던, 맨체스터, 버밍엄, 브리스틀, 해러깃, 그리고 스코틀랜드와 북아일랜드 및 웨일스에 새로 설치했습니다. 하지만 실제 필요한 병상은 예상보다 적었습니다. 왕립런던병원은 중증 환자용 병상 4000개를 설치했지만, 입원 환자 수는 54명이었고, 런던에 있는 여타 병원들도 확대했던 중증 환자용 치료 시설을 5월 15일 폐쇄했습니다. 이와는 반대로 미국은 여러 지역에서 병상이 모자라 악전고투했죠. 특히 뉴욕은 코로나19 검사와 치료를 받아야 하는 인파가 몰려 병원 밖까지 대기하는 상황이었습니다. 의료 시설마다 넘쳐나는 환자 수에 압도당했습니다. 뉴욕시에 있는 영안실들도 사망자를 수습하느라 힘겨워했고요. 이탈리아와 스페인에서도 같은 상황이 벌어졌죠. 각 사회에서 양상이 다르게 나타났습니다.

코로나19로 인한 지역 감염이 왜 유럽과 미국에서 높은 수치로 퍼졌는지 충분히 설명할 단계까지 가는 데는 시간이 조금 더 걸릴 겁니다. 분명한 것은 영국을 비롯해 이들 정부가 확진자 접촉 경로를 추적하고 바이러스 이동 상황을 쫓고자 결정하기까지 오래 걸렸다는 겁니다. 굼떴어요. 방역과 치료 일선에 있는 의료진은 물론이고 다른 핵심 인력들에게조차 개인 보호 장비를 공급하는 데 힘들어했습니다. 영국 정부는 여행 제한 조치를 내리는 데도 늑장이었고, 입국자들을 격리 하기까지도 시간이 걸렸어요. 봉쇄 조치에 대한 유럽인과 미국인의 태도도 다릅니다. 유럽에서는 정부의 결정을 다들 존중하며 따랐지만 미국에서는 저항이 나왔고 음모론이 무성했으며 개인의 자유가 공공의 이익보다 중요하다는 의식이 강하게 표출됐습니다.

군사력과 경제력은 물론이고 미래 산업인 바이오 부문에서도 미국은 최강국입니다. 오래도록 의료 선진국으로 통했던 미국이 코로나19 바이러스에 무너지는 모습은 충격이었어요. 그로 인해 코로나19 바이러스가 그토록 치명적인가 하는 두려움을 키우기도 했습니다.

미국이 의료 선진국이라는 생각은 착각입니다. 한 나라 국민의 건강 정도로 그 나라 의료 수준을 평가할 때, 미국은 선진국 반열에 있지 않아요. 국가의 건강 정도를 측정하는 항목이 여러 개로 나뉘는데, 미국이 세계를 선도하는 유일한 항목은 지출 비용뿐입니다. 건강에 돈을 가장 많이 쓰는 나라지요. 그

미국이 의료 선진국이라는 생각은
착각입니다. 미국이 세계를 선도하는
유일한 항목은 지출 비용뿐입니다.
건강에 돈을 가장 많이 쓰는 나라지요.
그럼에도 미국인들은 다른 나라
국민들보다 건강하지 못합니다.
다수가 건강보험에 가입할 수 없는 데다
의료 시설에 접근하기조차 어렵습니다.

럼에도 미국인들은 다른 나라 국민들보다 건강하지 못합니다. 다수가 건강보험에 가입할 수 없는 데다 의료 시설에 접근하기조차 어렵습니다. 건강 불평등 격차가 크죠. 부자와 가난한 사람들 간의 기대 수명도, 영아 사망률도 차이가 큽니다. 인종별로 비교해도 격차가 크고요.

국제적인 통계로 보듯이 미국인의 건강 상태는 다른 부자나라들보다 현저히 낮습니다. 여타의 나라들은 미국보다 훨씬 적게 쓰면서도 월등히 나은 국민 건강 상태를 유지합니다. 국민의 건강을 결정하는 가장 중요한 요인이 그 사회의 상태이기 때문이에요. 경제적 불평등 정도, 빈곤, 교육 수준 격차, 그리고 차별과 편견이 얼마나 강한가 등에 따라 국민의 건강 상태가 결정됩니다. 병원에 돈을 많이 쓴다고 해서 사람들이 병에 걸리는 걸 막을 수 있는 건 아니니까요. 미국 사회는 다른 선진국에 비해 훨씬 심각한 사회, 경제적인 문제를 안고 있습니다.

사적 의료 체계는
불평등할 뿐 아니라 비효율적이다

스웨덴은 매우 평등한 사회로 간주됩니다. 그래서 국민들의 건강 상태를 자신하여 집단 면역 정책을 선택한 건가요? 스웨덴만이 가진 특별한 사회 조건이 있는지요.

스웨덴은 평등성이 높은 사회입니다. 국민들 사이에 신뢰도가 높은 이유도 그 때문이지요. 서로가 서로를 믿고, 정부를 신뢰합니다. 그렇지만 스웨덴은 다른 스칸디나비아 국가들과는 매우 다른 대응책을 선택했어요. 저는 스웨덴이 집단 면역 정책을 선택했다고 자신 있게 답하지는 못하겠습니다. 그보다는 사람들의 활동과 비즈니스를 제한하지 않음으로써 경제를 뒷받침하는 완화된 제재 대응을 하고 있다고 봅니다. 존스홉킨스대학교가 5월 19일 집계한 코로나19 사망자 데이터와 유엔에서 나온 인구수 대비 사망자 숫자를 보면 스웨덴의 사망률이 노르웨이, 핀란드, 덴마크보다 높습니다. 하지만 스웨덴의 정책 결정이 앞으로 어떤 결과를 낳을지는 좀 더 시간을 두고 봐야 합니다. 그들이 다른 나라들보다 신속하게 경제를 회복시킬지, 아니면 더 깊은 충격을 감내해야 할지 그 평가는 좀 더 있어야 나옵니다. 강력한 봉쇄 조치를 취한 다른 나라들이 장기적인 면에서 국민의 건강과 안정된 생활을 유지하는 데 효과적이었는지 그 결과에 따라 스웨덴에 대한 판단을 가늠해볼 수 있습니다.

한국에서는 코로나19 위기 동안 원격진료에 대한 요구가 늘고 있습니다. 과거에는 보수 정권이 원격진료를 도입하려 했고, 대한의사협회는 반대했습니다. 원격진료가 영리 병원을 도입하는 징검다리가 될 것이라는 이유에서죠. 만약 의료 시스템이 영리 추구 방식으로 간다면 어떤 문제들이 있을까요?

공공 의료 전문가들은 전체 의료비 지출에서 민간 의료 서비스나 민간 의료보험이 차지하는 비중이 높을수록 국민의 경제적 불평등과 건강 불평등이 심화된다고 말해왔습니다. 그 나라가 전 국민을 대상으로 보편 의료보험을 시행하고 있더라도 말이죠. 그래서 현재 점점 더 많은 국가들이 국민 건강을 책임지는 보편적인 의료보험 체계를 구축해나가고 있습니다. 꾸준히 늘고 있죠. 세계보건기구와 다양한 국제 개발 기구들도 국민 건강보험을 권장합니다.

누구나 이용할 수 있도록 저렴한 비용만을 요구하거나 무료로 보편적인 돌봄 체계를 시행하는 사회가 있습니다. 이 경우에도 민간 의료 시설 같은 사적 의료 체계가 늘어날수록 국민의 건강 상태에는 부정적인 결과가 나타났지요. 사적 의료 체계는 건강을 유지하고 질병을 치료하는 데 있어 지불하는 비용에 비해 효율성이 상당히 떨어져요. 더불어 지불할 수 있는 사람들에게만 제공하는 사적 건강관리 체계(의료 서비스를 개인 비용으로 이용하거나 개인 건강보험으로 이용하는 시스템)는 건강 불평등뿐 아니라 사회, 경제적 불평등을 심화하는 요인이 됩니다. 건강 외에 다른 부문에서도 사회적으로 부정적인 후유증을 낳고 있는 것이지요.

원격진료가 환자들에게 주는 장점은 무엇일까요? 어떻게 해
야 공공 의료를 무너뜨리지 않고 원격진료의 장점을 취할 수
있을지요?

원격진료는 환자 상태가 위급해지는 것을 막는 데는 도움이
됩니다. 지금처럼 코로나19 같은 바이러스가 확산되는 상황
을 예로 들면 원격진료 덕분에 취약한 집단 안에서 지역 감
염이 퍼지는 것을 막을 수 있었어요. 많은 의사들이 원격진
료가 얼마나 성공적으로 운영되는지 이야기하고 있습니다.
저도 감염됐을까 염려되는 상황에서 의사와 전화 상담을 했
었는데, 이 시스템이 제법 잘 작동한다고 여겼어요. 앞으로
는 더 높은 차원의 원격진료가 이어지리라 예상합니다.
　물론 위험 요소는 있습니다. 아무리 유능한 전문 의료진이
라고 해도 원격으로 진찰해서는 미묘한 단서를 포착하기 어
렵습니다. 또 환자가 말을 하지 못하는 상태일 경우는 증상
을 해석해내기가 힘들겠고요. 무엇보다 다수가 소외될 수 있
습니다. 특히 가장 취약한 사람들이 원격진료 방식으로 의료
진과 연결하는 데 어려움을 겪을 거라는 거죠. 나이 든 사람
들, 그 나라 말에 능통하지 않은 사람들, 또 디지털 기기에 접
근하기 힘든 빈곤층이 낙오될 수 있습니다. 디지털 격차가

의료 격차로까지 이어지는 거죠. 그러면 위기 상황에서, 또 회복기 동안 제대로 치료받지 못하거나 보살핌을 받지 못할 위험 부담이 생깁니다.

의료 격차가 발생하지 않도록 공공 의료의 틀 안에서 원격진료를 고민해야 한다는 말씀인가요?

그렇죠. 원격진료와 영리 추구는 하나로 결합될 사항은 아니라고 생각해요. 공공의 건강을 지키는 것이 국민 건강의 목표라면 그 목표 아래 여러 조치들이 배치되어야 합니다. 정부는 먼저 공공의 건강을 앞서서 보호할 수 있도록 준비해야 하고, 위기 발생 시 그에 대응하는 정책이 불평등을 증가시키지 않도록 위험 요소를 완화할 의무가 있습니다. 원격진료 역시 이 점을 잘 고려해 도입해야 하겠지요.

바이러스는
모두에게 평등하지 않다

한국에서는 앞으로 일어날 빈번한 재난에 대비해 국공립 병원을 더 많이 설립해야 한다는 의견이 나오기도 합니다. 미래의 팬데믹에 대비하기 위해 어떤 유형의 공중 보건 체계를 만들어야 할까요?

코로나19가 우리에게 알려준 것이 있습니다. 기저 질환이 있는 사람들에게 치명적이라는 거죠. 사망률이 훨씬 높아요. 심장병이나 당뇨병, 호흡기 질환같이 이미 기본 건강 상태가 좋지 않은 사람들에게 코로나19는 위험합니다. 비만 또한 코로나19에 걸릴 확률을 높이고 사망할 확률을 증가시키는 요인으로 밝혀졌어요. 이 모든 위험 요소들은 불평등한 사회에서 지위가 낮고 가난한 사람들에게 나타나는 뚜렷한 병증입니다. 지난 40년가량 진행해온 공공 역학 연구가 이를 뒷받침합니다.

미래에 감염병이 팬데믹으로 확산되는 상황을 막고자 한다면 우리는 먼저 사회 구성원들이 회복 탄력성을 갖추도록 사회 조건을 변화시켜야 합니다. 그러기 위해서는 국민 건강에 가장 큰 영향을 미치는 사회적 결정 요인이 무엇인지 물어야 해요. 그리고 그 요인에 초점을 맞춰 예방을 강화해야합니다. 물론 감염병에 대응하도록 전문성을 갖춘 공중 보건 전문가들을 확보하고, 모두가 질 좋은 건강관리를 받도록 접근성을 확대하는 것도 중요합니다. 그러나 병원은 병에 걸리지 않도록 예방하는 기관이 아니라 질병을 치료하는 기관이라는 점을 분명히 짚고 가고 싶습니다. 결국 공중 보건 체계를 강화하기 위해서는 사회의 취약성을 줄이려는 정부의 정책과 결단이 중요합니다.

바이러스 감염은 사회적 지위를 가리지 않는다는 의견이 있습니다. 영국 총리, 할리우드 스타 및 왕실 가족도 코로나19 바이러스에 감염됐습니다. 반면에 미국에서는 코로나19로 사망하는 아프리카계 미국인의 비율이 다른 인종에 비해 현저히 높았고요. 한국에서도 노동 환경이 취약한 곳에서 집단 감염이 이어집니다.

영국 통계청 발표에 따르면 영국에서 가장 빈곤한 지역의 코로나19로 인한 사망률이 빈곤 정도가 가장 낮은 지역의 수치보다 두 배 높았습니다. 소수자 중에서도 경제적으로 취약한 집단의 감염률이 가장 높았고요. 지역 병원이 내놓은 임상 결과도 이와 비슷해요. 병원에 온 사람들을 인종별로 나누면 뚜렷한 차이가 드러나죠. 도심에 거주하는 가난한 백인들이 가장 취약했습니다.

경제적 박탈과 소수자 지위는 두 가지 방식으로 코로나19 바이러스와 연결됩니다. 첫째는 앞서 언급했듯이 건강 상태가 사회적으로 결정되기 때문에 가난하고 비주류인 소수자일 경우 기저 질환을 앓는 인구가 더 많아 위중해지거나 사망으로 진행할 가능성이 훨씬 높아요. 둘째는 이들의 경우 주거 환경이 취약하다는 공통점이 있습니다. 과밀한 주거지,

여러 세대로 이루어진 가족 구성원이 많습니다. 게다가 코로나19 바이러스에 노출되기 쉬운 현장 노동자의 비율도 높았습니다. 병원이나 요양원 노동자, 돌봄 업무 종사자, 음식 공급자 등 대면 접촉이 많고, 감염 취약 인구와 함께하죠. 거기에 수입이 줄면 생계가 위태로워지니 감염 위험이 있더라도 일을 멈출 수 없습니다.

사회적 평가 위협을 높이는
위기와 불안 그리고 지위 경쟁

코로나19 위기가 경제 및 정치 위기로 확산되었기에 불안감도 커졌습니다. 당신은 불평등이 심한 사회일수록 경제적으로 지위가 낮은 사람들에게 스트레스가 가중되고 고혈압, 심장병, 비만 등에 걸리는 비율이 높다는 연구로 주목을 받았지요. 최근에는 사회 불평등이 정신 건강을 위협한다는 연구를 발표했고요. 코로나19로 점증하는 불안을 어떻게 해석할 수 있을까요?

불안감이 문제가 된 지는 꽤 오래됐습니다. 코로나19 위기가 오기 전부터 임상적으로 심상치 않았어요. 최근 우리 연구소에서 주관한 설문조사 결과를 보면 낙후된 영국 북부 도시에 사는 부모들에게서 심각한 우울증과 불안 증세가 나타나고 있습니다. 약 40퍼센트의 부모들이 이 범위에 있어요. 그들은 본인뿐 아니라 자녀들도 건강과 주거, 영양 상태, 수입 측면에서 불안하다고 느끼고 걱정해요. 사람들은 늘 타인과 자신을 비교하는 경향이 있습니다. 특히 불평등이 심한 사회일수록 타인의 시선을 의식하죠. 남들 눈에 가치 없는 사람으로 보일까 봐 날을 세웁니다. 이를 심리학 용어로 '사회적 평가 위협social evaluative threat'이라고 합니다. 남보다 사회적 지위가 낮다고 느끼는 감정은 정신 건강을 악화하는 강력한 위험 요소로 작용합니다. 그래서 불평등이 심한 사회일수록 서로에 대한 신뢰가 낮고, 외적으로 보이는 부분에 치중해 소비하는 경향이 강합니다.

전 세계에서 많은 사람들이 일자리를 잃고 있어요. 일자리를 유지해도 소득이 줄어드는 상황이죠. 이는 개인의 자부심을 구성하는 많은 부분이 사라지고 있다는 신호입니다. 자신이 쓸모없다고 느낄수록 정신적인 부담도 같이 커집니다. 미국에서는 실업률이 25퍼센트까지 치솟을 거라는 예측이 나오죠. 그러면 성인 네 명 중 한 명은 극심한 스트레스 상황에 몰린다는 이야기입니다. 우리 사회는 경제지표의 변화와 예측에는 매우 민감하지만 그 속에 살고 있는 사람들이 그 지표 속에서 어떤 선택을 내리는지에는 주목하지 않고 있어요.

1980년대 영국 대처 정부에서 국영기업 민영화를 통해 대량 해고를 이어갈 때, 청소년 폭력 집단이 증가했고 이후 범죄 발생 비율도 폭증했습니다. 그처럼 코로나19 위기에서 대량의 낙오자가 발생한다면 위기가 진정되어도 정신적 트라우마는 상당 기간 이어지고 사회적 부담도 장기화되리라 봅니다. 당신은 이미 현대 청년과 청소년의 정신 건강이 전례 없을 정도로 위험수위에 도달했다고 경고했습니다. 오늘의 불안이 나이가 어릴수록 더 심각하게 작동하는 이유는 무엇인지요?

킹스칼리지런던의 연구자들이 2006년 청소년 정신 건강에 대한 보고서를 발표했습니다. 십 대 청소년들이 20년 전 청소년들에 비해 훨씬 힘든 정신적 문제를 안고 있고, 특히 심각한 정서적 장애를 경험하고 있다고 밝혔어요. 2017년 나온 미국심리학회 연구도 이를 뒷받침합니다. 흔히들 한부모 가족이 늘어나는 현상이나 부모의 재혼 여부, 빈곤 여부가 청소년들의 정신 건강과 밀접한 상관관계를 가질 거라 생각하지만 이는 그렇지 않습니다. 정신 질환을 겪는 청소년들이 증가하는 경향은 전반적으로 나타나는 현상입니다. 이유도 복합적입니다.

앞서 소득 불평등과 빈곤이 건강을 결정하는 주요 요인이라고 언급했지요. 요즘에는 청소년들도 또래 사회에서 자기

가 어느 정도의 위치에 있는지를 의식적이든 무의식적이든
가늠해보게끔 자극받습니다. 남과 자꾸 비교하게 되는 환경
에 놓인 거죠. 정확히는 부모의 경제적 지위, 문화적 지위가
아이들의 지위로 작동하고 있는 겁니다. 거기에 교육과정도
점점 더 학업 중심으로 짜여가고 있어 높은 수준의 스트레스
를 경험하고요. 건강한 아동 발달을 위한 교육은 자리를 잃
고 있어요. 그리고 소셜미디어와 연결된 여러 스트레스 요인
이 생활 속에 강도 높게 자리합니다. 무엇보다 지금 청소년
과 청년 다수는 자신들의 미래가 점점 더 불안해지고 있다는
것을 매일매일 확인하고 있습니다.

불평등은 현대 사회의
가장 심각한 기저 질환

코로나19 바이러스는 불평등한 사회가 인간에게 얼마나 치
명적인지 다시 한번 돌아보게 만들고 있습니다. 인류가 이
교훈 하나라도 붙잡고 개선해나간다면 위기를 반전하는 기
회가 오지 않을까 생각합니다.

불평등한 사회에 사는 경험은 인간의 사고와 감정은 물론이
고 관계 맺는 방식마저 바꾸고 있습니다. 미국은 다른 부유

한 국가들과 비교할 때 부자와 빈자 사이에 소득 격차가 가장 크고, 살인율과 정신 질환자 비율, 십 대 출산율이 가장 높아요. 반면 기대 수명은 가장 낮고 아동의 행복 수준과 수학 성취도, 문해력은 낮습니다. 1970년대 초기 연구에서부터 소득 격차가 큰 나라일수록 폭력 사건이 더 자주 발생하고 건강 상태가 나쁘다는 사실이 나타났어요. 특히 중요한 지점은 불평등이 가난한 사람들뿐 아니라 인구 대다수에게 영향을 미친다는 겁니다. 예를 들어 제가 좀 더 평등한 나라에서 교수를 하고 넉넉한 수입을 얻는다고 할 때, 저는 불평등 지수 1, 2위를 다투는 여기 영국에서보다 오래 살 가능성이 높고 폭력 사건에 희생될 가능성이 낮습니다. 커다란 소득 격차가 모든 구성원을 지위 경쟁과 불안 속으로 더 깊숙이 빠뜨린다는 뜻이지요.

우리는 몸이 병들지 않으려면 주변의 오염원과 발암물질을 꼭 없애야 한다고 생각합니다. 하지만 정서적으로 해로운 환경이나 심리적 환경은 반드시 고쳐야겠다고 나서기보다는 외면하려는 경향이 있어요. 사회의 불평등과 불안이 우리의 사회생활과 행복에 심각한 악영향을 끼치는 원인이라면 이것도 숨 쉬는 공기만큼 정치인과 대중의 관심을 받아야 합니다.

'뉴 노멀'이 등장한다고들 합니다. 중요한 것은 어떤 새로운 질서를 만들 것인가가 아닐까요?

2008년 금융 위기가 터졌을 때도 전 세계에서 경제, 사회 전반에 걸쳐 새로운 틀을 짜야 한다는 각성이 일었습니다. 하지만 그때 우리는 과거의 방식을 답습하며 시간을 허비하고 말았어요. 우리에게는 지금 그렇게 허비할 시간이 없습니다. 이번에도 실패하면 돌이킬 수 없습니다. 우리가 기억해야 할 점은 이미 우리 손에 이윤 중심의 세계화된 자본주의의 구조를 개선할 여러 대안적인 모델이 있다는 겁니다. 예를 들면 경제학자 케이트 레이워스Kate Raworth가 환경과 공동체를 지켜낼 자본주의 모델로 제시한 '도넛 경제학'(도넛의 안쪽 고리는 사회적 기초, 바깥쪽 고리는 생태학적 한계로 상정한 지속 가능한 경제 모델)도 그중 하나인데요. 반갑게도 암스테르담을 비롯해 몇몇 도시들이 이를 코로나19 위기를 극복하는 정책으로 삼는다고 발표했습니다. 행복경제연합Wellbeing Economy Alliance 같은 그룹들도 경제 회복을 위한 세밀한 지침을 제공하고 있습니다.

더 나은 사회를 만들기 위해 개인이 할 수 있는 일은 무엇일까요?

우리는 올바른 정보를 제공하는 매체를 고를 수 있어요. 당면한 이슈에 대해 폭넓은 정보를 얻어 사고를 단련할 수 있습니다. 정치인과 정책 결정자들이 공공의 이익을 위한 길로 나아가도록 압력을 가할 수 있죠. 직장에서도 여러 분야에 걸쳐 시행되는 관행들이 과연 공정한가 질문하는 겁니다. 동료들이 세상을 위해 목소리를 내도록 북돋우면서요. 노동자라면 노동조합 활동을 할 수 있고, 소비자로서 노동자에게 안전한 작업환경을 제공하고, 노동자 간에 임금 차이를 줄이려고 노력하는 기업들을 응원할 수 있죠. 그리고 우리에게는 투표권이 있습니다. 모든 사람과 지구를 위해 정책을 내는 진보 정당에 표를 준다면 세상은 조금씩 달라질 수 있을 겁니다. 불평등을 줄이고자 활동하는 여러 단체들을 지원하는 것도 세상을 변화시키는 일입니다.

무엇보다 우리는 서로에게 친절할 수 있습니다. 우리 모두 애쓰고 있다는 것을 서로 인정해주는 거죠. 우리의 말과 표정은 곧 우리의 노동조건이자 사회 환경이기도 하니까요. 코로나19 바이러스는 우리에게 무엇이 중요한 가치인지 보여줬습니다. 그동안 낮은 임금으로 돌봄 영역에서 일해온 이들, 슈퍼마켓 선반을 채워온 이들, 생필품을 배달해온 이들, 청소를 해온 이들이야말로 우리 사회를 유지하는 중요한 사람들이라는 것을 알게 됐습니다. 우리는 반드시 이들 핵심 인력의 귀중한 역할을 계속 기억해야 해요. 저는 요즘 낙관주의자가 됐습니다. 변화가 일어나고 있는 이때 우리가 바른 변화를 이뤄낼 거라고 예견합니다.

미국의 고등학생들 사이에는 점심을 먹지 않는 문화가 있다. 미국인들에게 학교급식은 오래전부터 공짜 점심free lunch으로 불렸다. 가계소득이 낮다는 증명을 통해 지급받는 식사다. 카페테리아에 줄 서 있는 자체가 저소득층 출신이라는 낙인으로 작동한다. 물론 도시락을 싸기 귀찮거나 어려워 돈을 내고 먹는 아이들도 있다. 하지만 이들조차 사춘기를 지나면 점심 식사 줄에 서 있기를 포기한다. 구분은 차이를 드러냈고, 결국 낙인으로 작동하는 문화가 되었다. 사회적 불평등의 골이 깊어진 현상과 무관하지 않을 것이다. 그 속에서 아이들의 우울도 함께 자라고 있다.

케이트 피킷은 코로나19 여파가 장기적으로 이어질 것이라는 전망을 완곡히 전달했다. 경제가 어렵다는 나팔 소리가 요란할 때마다 학교 예산, 복지 예산은 제일 먼저 줄어들었다. 우리 안에 문화로 스며든 신자유주의의 관성은 여전히 굳건한데, 이 지독한 이윤 논리를 다스릴, 이제 막 단단히 올라온 개혁의 결기가 코로나19의 생명력보다 질기기를 희망한다. 최후의 치료이자 최초의 예방은 정치이다.

6장
기술과 조정

세계는 다음의
위기에 대응할 준비가
되어 있는가

"미래 어느 시점, 세상이
무너질 수 있는 발명이나
발견이 지금 우리가
사는 세계 속에 있습니다.
지금처럼 반무정부 상태에
계속 머무른다면 문명은
몰락할 수 있습니다."

닉 보스트롬
Nick Bostrom

영국 옥스퍼드대학교 철학과 교수이자 동 대학교 인류미래연구소 소장. 미래 기술의 영향에 대한 프로그램을 발족시킨 창립 센터장이자 전략적인공지능연구센터 센터장도 맡고 있다. 영국 학사원에서 박사후 연구원 과정을 마쳤으며, 예일대학교에서 강의했다. 그는 철학뿐 아니라 물리학, 계산신경과학, 수리논리학 등 다방면의 분야에 지적 기반을 두고 있다. 2009년 철학과 수학, 자연과학, 인문학 분야에서 매해한 명을 선정해 수여하는 개논상을 받았으며, 미국 〈포린폴리시〉 선정 '세계의 지성 100인'에 두 차례에 걸쳐 뽑혔고, 영국 〈프로스펙트〉 선정 '2014년 세계 사상가'에 분석철학가로 이름을 올렸다. 대표 저서로 《슈퍼인텔리전스》가 있다.

수도권에서 연일 확진자가 나오고 있다. 고강도 사회적 거리 두기를 다시 하자는 목소리도 나온다. 2차 파고에 대한 우려다. 지금은 모든 국가의 모든 사례가 정보다. 코로나19 바이러스에 대해 모르는 부분이 많기에 타국의 실패마저도 귀 기울여 들어야 한다. 영국 옥스퍼드 대학교 인류미래연구소 소장인 닉 보스트롬은 "우리는 지역사회들이 저지른 실수가 무엇이든 간에 이 위기 속에서 되도록 많은 것을 배우려고 노력해야 한다"라고 강조했다. 그는 더 큰 파국을 불러올 잠재적 위협이 있기에 지구적인 조절 능력을 세워내자고 요청한다. 닉 보스트롬은 2019년 11월 논문 〈취약한 세계 가설Vulnerable World Hypothesis〉을 발표하며 현대 문명이 맞고 있는 위기를 해석한 바 있다. 5월 27일 온라인 화상으로 진행한 인터뷰이다.

정밀한 시나리오 부재가
위기를 심화시켰다

　당신은 코로나19 위기를 어떻게 해석하고 있나요?

코로나19가 발발하고 중국 밖으로 번지기 시작하던 초기부터 저는 이 질병이 단지 중국과 몇몇 아시아 국가에 머물지 않고 세계 모든 곳으로 이동할 것이라고 봤습니다. 그렇게 판단할 만한 꽤 분명한 분기점이 있었지요. 그때부터 전 세계를 휩쓰는 건 오로지 시간문제였어요. 하지만 세상은 별 반응이 없었습니다. 주식시장에서도 즉각적인 변화가 일어나지 않았지요. 주식시장이 알아차리고 움직인 단계를 보면 처음에는 아시아의 카지노 주가가 하락했고, 미국의 카지노나 노르웨이의 크루즈선 같은 경우 약간 떨어졌습니다. 주가 분석자들이 나머지 경제 영역까지 영향을 받을 것이라는 현실을 알아차린 건 시간이 더 흐른 뒤였습니다. 시간이 좀 더 지나서는 모든 기업이 똑같이 영향을 받지는 않을 거라는 자각이 생겼죠. 줌Zoom과 같은 인터넷 미디어 기업은 악화일로 경향에서 반대로 나아갔으니까요. 각국의 정책 결정 집단이 현실을 인식하는 수준도 그들의 대응 방식 속에서 여실히 드러났습니다. 대부분의 정부는 몇 주 동안이나 대중의 불안과 공황을 누그러트리는 데에만 주력했습니다. 지역 전파 조짐이 막 보였을 때, 더욱 열의를 다해 대응했더라면 막을 기회가 있었어요. 초반부터 마스크를 쓰도록 했어야 했습니다.

미국 질병통제예방센터도 처음에 의료인이 아닌 경우 마스크를 쓸 필요가 없다는 메시지만 반복했습니다. 저는 당시 마스크를 쓰고 대형 마트에 갔을 때 따가운 시선을 받았는데요. 마스크를 씀으로써 다른 사람을 불안하게 만드나 싶어 도로 주머니에 넣어야 했습니다.

서구 지도자들은 여러 주를 낭비했어요. 마스크가 동난 다음에야 서둘러 구비해야 했다는 것을 알아차렸지요. 전 세계가 갑자기 일상을 멈춰야 하는 거대한 위기 상황은 그리 흔하지 않습니다. 지금 이 상황에서 되도록 많은 것을 인식하도록 노력해야만 더 큰 위기를 맞았을 때 혼돈을 피할 수 있습니다. 우리가 시도한 것은 무엇이든 다 배움의 기회로 삼아야 합니다.

우리에게 잠재된 대형 위기가 더 있다는 뜻으로 다가오는데요. 그동안의 대응에서 배워야 할 교훈은 무엇일까요?

우리는 오래전부터 감염병이 유행할 수 있고, 또 유행해왔으며, 앞으로도 이어진다는 것을 알았습니다. 더욱 많은 자원을 병을 추적하는 데 쓰고, 몇 주라도 먼저 행동했다면 잘 처리됐을 겁니다. 그러나 상태를 악화시켰고, '우리는 무엇을 위해 사람들의 이동을 봉쇄하며 경제까지 멈추도록 만드는가'라는 딜레마를 창조했습니다. 사실 이런 상황에서 정책 입안자들은 대중에게 특정한 행동을 하도록 하는 유인 정책을 실행하기 매우 어렵습니다. 예를 들어 한 마을에 사망자가 세 명 나왔다고 합시다. 그래서 이런저런 대처를 했는데, 또 세 명의 사망자가 발생합니다. 지금까지 한 조치는 사람을 살리겠다는 것인데, 그 목적을 이루지 못한 거죠. 그럼 시스템 전체에 혼란이 발생합니다. 모든 정책이 불필요해 보입니다. 대처가 적절했다 하더라도 방어했다는 역학 관계를 보지 못하니까요.

지금은 결과를 보장할 수 없어도 그 일을 해야 하는 상황입니다. 하지만 명백히 실패를 확인한 정책이 있어요. 방역과 관련된 일부 제품의 가격이 폭등했습니다. 기업이 소비자의 두려움을 이용해 가격을 상승시켰고, 이는 불행에서 이득을 챙기는 것과 같죠. 기업이 대중의 두려움을 통해 얻는 막

대한 이윤을 막고자 한다면, 우리는 그 두려움을 자극하지 말아야 합니다. 그런데 정책 결정자들은 그렇게 하지 않았어요. 공급 부족이 일어난 이유죠. 대규모 비축물을 풀게 만드는 방법이 있었습니다. 정밀한 시나리오를 세워 기업이 따르도록 자극하는 정책을 폈어야 했습니다. 유인 구조(금전적 또는 비금전적인 혜택을 주어 특정한 경제행위가 이루어지도록 유도하는 여러 체계)에 있어 효용이 적은 부분을 특정하기는 쉽습니다. 지금은 행위자들(대중, 기업 등)이 상황을 낮게 할 수 있는 역량이 있음에도 도움이 되지 않는 방식으로 행동하고 있어요. 이는 조율하는 데 실패해서 그렇습니다. 심지어 우방으로 협력해오던 국가들조차 코로나19 사태 속에서 서로를 충분히 도왔는지 불분명합니다. 저는 이런 조정 실패가 이번 위기에만 해당한다고 보지 않습니다. 우리는 근원적인 악화 인자를 가지고 있어요. 바로 국제적 협력 결핍입니다.

취약한 세계 가설
우리는 언제든 멸망할 수 있다

당신은 6개월 전에 우리의 문명이 대규모로 붕괴될 가능성이 있다는 〈취약한 세계 가설〉을 발표했습니다. 지금의 위기가 취약한 세계 가설과 관련이 있을까요?

코로나19 위기가 그 정도의 파괴 수준에 도달한다고는 보지 않습니다. 논문에서 밝힌 임의적인 파괴의 단계는 문명의 몰락입니다. '문명 파괴civilizational devastation'라는 용어를 썼는데, 이는 세계 인구의 15퍼센트가 사망하거나 세계적으로 GDP의 50퍼센트가 감소하고 그 상태가 10년 이상 지속되는 상황을 지칭합니다. 우리가 그런 도전적인 상황에 처할 만한 기본 구조 속에 있다는 전제에서 나왔습니다.

앞서 코로나19 사태를 통해 우리가 안고 있는 '국제적 협력 결핍'이 드러났다고 지적했는데요. 이 부분이 왜 거대한 위험 요소인지 먼저 〈취약한 세계 가설〉에 대한 설명부터 들어봐야 할 것 같습니다.

미래 어느 시점, 세상이 자동적으로 무너질 수 있는 발명이나 발견이 지금 우리가 사는 세계 속에 있다는 가설입니다. 더 정확하게 말하면 문명은 엄청난 충격으로 황폐해질 수 있는데, 제가 반무정부 상태semi-anarchic default condition라고 부르는 지점에 우리가 계속 있다면 문명은 몰락할 수 있다는 거죠. 반무정부 상태는 지구 차원에서 조정해야 할 중대한 문제를 푸는 강력한 협력 능력이 부족한 우리의 상황을 말합니다. 우리는 많은 돈을 군대에 쓰고 있습니다. 수천 개의 핵무기를 오직 사람을 죽이겠다는 목적과 위협하는 수단으로 갖고 있죠. 이는 우리가 만든 치명적인 위기예요. 또 기후변화에 대한 지구적인 강력한 대응도 부족합니다. 이 두 가지 위협으로도 취약한 세계 가설을 반추하게 만드는데요. 여기에 어떤 개인이나 집단이 인류 차원에서 도저히 승인할 수 없는 파괴 행위를 도모한다고 했을 때, 이를 막을 영향력조차 부족합니다. 상상해보세요. 만약에 대규모 파멸이 쉽게 일어날 수 있다면, 그러니까 누군가가 수백만 명을 한꺼번에 죽이는 방법을 발견했고, 부엌 개수대에서 이것저것을 섞어서 도시로 흘려보낸다면 어떻게 될까요? 현재 우리에겐 이런 파괴를 막을 방법이 없습니다. 수많은 개인의 움직임을 실시간으로 모니터하고 차단할 능력을 갖고 있지 않죠. 이런 조건 속에서 세상은 취약합니다.

하지만 그토록 강력한 파괴력을 그리 간단하게 행사할 수 있다면 지구는 지금처럼 결코 안정되지 않았을 겁니다. 이렇게 모니터 너머로 대화를 나눌 수도 없고요. 또 우리는 매우 다양한 사회적 관계 안에, 그리고 여러 국가기관이 작동하고 제어하는 시스템 속에 있지 않나요?

우리가 살아 있는 이유는 하나입니다. 다행히 아직 개인이 도시나 국가를 손쉽게 파멸할 수 있는 무언가를 발견하지 못했기 때문입니다. 상황이 벌어지지 않았기 때문에 지구적인 조절 실패로 일어날 파국을 마주하지 않은 거죠. 항아리 은유법으로 설명할게요. 공이 가득 든 큰 항아리를 상상해보세요. 공은 아이디어, 방법, 기술을 나타냅니다. 인류의 발명 역사를 이 항아리에 손을 넣어 공을 하나씩 뽑아낸 것으로 가정할 수 있어요. 지금까지 우리는 아주 많은 하얀 공과 축복인지 저주인지 모를 약간의 회색 공을 뽑았습니다. 아직 검은 공을 뽑지 않았죠. 검은 공은 그것을 발견한 문명을 파괴하는 기술입니다. 우리는 공을 뽑는 데는 능숙하지만 공을 다시 항아리에 넣는 능력은 없습니다. 우리는 발명할 순 있지만 발명이 특정 경로로 진행해 나가는 것을 막거나 아예 없던 일로 만들 수는 없습니다. 우리는 지난 세기에 세계대전을 두 차례 경험했어요. 만일 세계대전이 벌어지던 시기가 지금처럼 핵무기 시대였다면 지구온난화보다 더 파괴적이었을 겁니다. 세계가 지구적 문제를 해결하는 데 실패하고 그 결과 훨씬 큰 대규모 파멸에 이르는 상황 말이죠.

항아리에서 한번 뽑은 공은
다시 집어넣을 수 없다

지구온난화가 핵무기만큼 우리 문명을 위협하는 중대한 요인인 건가요? 기후변화에 대응하는 지구 차원의 회의가 있

지금까지 우리는

아주 많은 하얀 공과

축복인지 저주인지 모를

약간의 회색 공을 뽑았습니다.

아직 검은 공을 뽑지 않았지요.

검은 공은 그것을 발견한 문명을

파괴하는 기술입니다.

긴 합니다만.

기후변화는 인류를 파멸로 몰고갈 수 있습니다. 우리는 현재 그 파멸을 막을 만큼 충분히 실천하고 있지 않아요. 약간의 대응만 할 뿐입니다. 왜 그럴까요? 한 가지 문제는 무임승차입니다. 이산화탄소 배출을 허용함으로써 국가적인 이득을 취할 수 있어서죠. 배출량을 줄이려는 나라들이 있다 해도 이들의 노력에 무임승차하려는 강력한 시도가 있습니다. 기온 상승을 멈추는 더 효과적인 지구 차원의 조약이 아직 체결되지 않는 이유라고 생각해요. 지구온난화 악화 시나리오에는 핵무기 사용 같은 파괴적 행위자가 필요하진 않습니다. 대신 다른 취약점이 있어요. 개별적인 무수한 행위자가 있고, 이들의 행위를 조정할 유인이 아직 통합적으로 설계돼 있지 않다는 점입니다. 모두가 동의하는 강력한 조약들을 협상하기가 어렵죠. 누적되는 문명 파괴적 요인이 문제입니다.

세상에 나와 있는 회색 공은 무엇일까요? 과학의 특징은 계속해서 변화하고 있다는 점인데요. 당신은 우리가 발명을 할 수는 있지만 발명을 되돌릴 수는 없다고 지적했습니다.

저는 우리 문명을 위협하는 현재의 요인과 미래에 나타날 요인을 구분하고자 합니다. 먼저 지금 우리 안에는 있지만 현재로서는 미래에 위기를 유발할 가능성을 측정할 수 없는 요인을 보죠. 인공지능이 이에 해당합니다. 몇 년 전 제 책《슈퍼인텔리전스》에서도 밝혔지요. 인공지능은 초지능 기계로 전환될 가능성이 있는 매우 실존적인 위험 요소입니다. 단, 우리 문명이 초지능에 도달한다면요. 그러니까 이는 지금 제로 상태인 위험 요소입니다. 이 세상에는 아직 초지능 기계가 없으니까요. 하지만 우리가 살아 있는 동안 이는 거대한 위험 요소로 등장할 가능성이 매우 높아요. 저는 바이오 기술 또한 몇 년 혹은 몇십 년 안에 맞게 될 또 다른 거대한 위험 요소라고 봅니다. 우리는 이 사안을 충분히 고려하지 않고 있어요. 위험천만한 상자에 제대로 라벨도 붙이지 않고 아무렇게나 놓아두고 있는 격이죠.

100년 전에는 그 누구도 인공지능이나 바이오 기술, 나노 기술, 심지어 핵무기라는 말조차 하지 않았습니다. 앞으로 몇십 년 안에 우리가 개념조차 제대로 인식하지 못한 채 개발에만 몰두했다는 후회를 불러올지 몰라요. 이들과는 달리 핵무기는 실제 존재하는 엄청난 위협입니다. 새로운 무기 경쟁과 새로운 냉전이 있을 수 있어요. 저는 우리가 미국과 소련 간에 있었던 참혹한 냉전에 대해 벌써 잊어버린 건 아닌가 의문이 듭니다. 우리는 냉전이 절정에 이르렀던 1986년에 10조 달러 이상을 들여 만든 7만 개의 핵탄두를 갖고 있었습니다. 세계를 순식간에 파멸시킬 채비를 하고 있었죠.

나중에 기록이 공개된 다음에야 알게 되었지만 당시에 아찔한 사건이 여러 차례 있었습니다. 사소한 판단 착오로 핵전쟁이 발발할 뻔했고, 다행히 잠금장치가 작동해 지금 우리가 살아 있습니다. 저는 이 같은 상황을 신냉전이라는 이름으로 다시 용인하고 있는 점이 염려스럽습니다. 구냉전이 평화롭게 막을 내린 건 거의 기적에 가까운 일이었어요. 어떤 사람들은 미국과 중국의 관계가 엄청난 비극으로 치달을 수 있고, 매우 암울한 일이 일어날 수 있는 긴장을 만든다고 말합니다.

미래의 대재앙은
지구적 조정 실패에서 온다

지정학적 갈등이 작용하고 있죠. 한국 정부도 핵 문제를 풀려고 노력하지만 북한과 미국, 중국 사이에서 교착 국면에 있습니다. 이 문제는 코로나19 사태 속에서도 여전히 위기감이 상승하고 있죠.

매우 중요한 이슈입니다. 미국과 중국이 함께 갈등을 조정한다면 한반도에서 진전이 이뤄질 수 있는 기회가 훨씬 더 늘어날 것이고, 그렇지 않다면 또 다른 지구적 조정 실패의 예가 될 수 있다고 봅니다. 화산 폭발 같은 자연적으로 발생하는 위기도 있겠지만, 수많은 거대한 실존적 위기들이 인류의 조정 실패 때문에 발생합니다. 서로가 협력하지 못함으로써 많은 문제가 나오죠. 이는 미래에 있을 대규모 전쟁, 그러니까 핵전쟁이나 세균전 혹은 첨단 무기 시스템이 만드는 파괴적 전쟁이 될 수도 있습니다. 우리는 아직 정확히 알지 못합니다. 그럼에도 현재의 갈등을 풀어낼 강력한 조정 방식을 갖는 데 실패한다면 대재앙으로 치달을 거라는 점은 예견할 수 있습니다.

지금의 팬데믹 대응에서 지구적인 위기 대응 방법을 정립할 수도 있지 않을까요?

지금까지 코로나19 문제를 해결하는 데 있어 한국과 대만, 싱가포르 같은 아시아 국가들이 유럽 국가나 미국보다 훨씬 더 잘해왔습니다. 이는 우리에게 어떤 메시지를 전합니다. 저는 그동안 영국에서 팬데믹을 담당하는 사람들과 연락을 취해왔는데요. 초기에 제가 제안했던 것 중 하나는 앞서 언급한 나라들의 팬데믹 대응 책임자들과 빨리 소통하여 정보를 취합하자는 것이었습니다. 화상 통화를 해서라도 구체적으로 그들의 대응이 어떤 효과를 냈고, 어떻게 상황을 전환시켰는지 알아봐야 한다고 생각했죠. 다른 나라들도 이런 방식으로 모범 사례를 공유해야 합니다. 그 과정에서 우리는 지구적 대응 방식을 학습해나가는 겁니다. 실패 또한 우리에 게 다음 기회를 제공해주는 자산이죠. 그런데 지금 지정학적 관점에서 불필요한 공방을 벌이느라 지구적 협력이 원활하 지 않습니다. 이러다가는 미래에 도래할 위기에 제대로 대응 하지 못하고 실패할 확률이 높습니다.

언택트는 일시적이며
인간은 다시 마주할 것이다

코로나19가 가져온 새로운 경향에 대해 질문하고자 합니다. 한국에서는 '언택트untact'가 포스트 코로나를 상징하는 단어 로 유행하고 있습니다. 영어 단어를 분리해서 조합한 한국식 신조어인데요. 비접촉 관계 방식이라고 해석할 수 있습니다. 세계적으로 온라인 수업을 하고, 회사들도 재택근무에 온라 인 회의를 합니다. 이런 비대면 방식이 코로나 이후 새로운 일상 규범이 될 것으로 보는지요?

저는 학교에서 얼굴 맞대고, 직장에서 서로 마주하며 일하던 시절로 돌아가리라고 생각합니다. 약간의 변화는 있겠죠. 아 마도 어떤 기업들은 지금 재택근무를 하면서 자기들만의 효율성을 발견했을 겁니다. 그러면 모두가 회의실에 앉아 논의할 필요를 못 느끼죠. 현재 화상회의도 그런 대로 작동하니까요. 10퍼센트 정도는 옛 방식으로 돌아가지 않으리라 예상하지만 어떤 방식을 택할지에는 각자의 성격이 많은 영향을 끼친다고 봐요. 외향적이라면 집에 갇혀 오랜 시간 앉아 있는 방식이 고통스러울 거고, 또 시간적인 문제도 작동하겠지요. 매일 일찍 일어나 준비하고 한 시간씩 교통 체증 속에 있어야 한다면 지금쯤 '이런, 황금 같은 시간을 길에서 보냈네' 하고 다른 방식을 고민할 겁니다.

인간은 시각과 청각뿐 아니라 모든 감각과 지성을 통해 소통과 협력의 질을 높여왔습니다. 사회적인 동물로 생존해온 진화 방식을 순식간에 거스르는 산업 환경이 가능할까요? 언택트 마케팅, 언택트 관련주 등 요란한 예측이 주목을 받습니다.

인간은 특정한 목적을 위해 더 많은 감각을 이용하죠. 인간에게 익숙한 정상적인 상호작용이 되돌아올 겁니다. 영국은 지금 문 여는 회사들이 늘고, 다음 주면 상점들도 정상 영업을 합니다. 미국도 정상으로 돌아가기를 바라는 열망이 크죠. 부분적으로는 경제적인 이유에서 봉쇄를 풀 것을 요구하지만 그럼에도 제 생각에는 많은 이들이 두 달 동안 집에 갇혀 있는 상황에 지쳤다고 봐요. 한계에 다다른 거죠. 사람마다 느끼는 최적의 사회적 상호작용 용량이 다릅니다. 여기에는 각자의 주거 환경도 요인으로 작용하는데요. 작은 아파트에서 두 달 동안 세 아이를 돌보며 일한다고 생각해봅시다. 교외에 마당이 있는 큰 집에 사는 사람과는 아주 다른 경험을 하고 있겠죠. 내향적인 사람이라면 작은 공간에서 여럿이 북적거리며 있는 조건을 견디기 쉽지 않을 거예요. 책 읽는 것을 좋아하는 사람, 산책을 좋아하는 사람, 인터넷을 통해 누군가와 이야기하는 것을 좋아하는 사람 등등 아주 많은 종류의 개인 경험들이 이후 행동을 결정할 겁니다.

전 지구적 문제를 해결할
새로운 거버넌스의 필요성

지금 이 시기를 문명이 바뀌는 역사적인 순간으로 보는 시각이 많습니다. 세상을 더 지속 가능하도록 변화시키기 위해 우리는 무엇을 해야 할까요? 너무 큰 질문인가요?

큰 질문을 하는 것은 참으로 좋습니다. 이에 대해 답을 구하기 위해서는 몇 개의 하위 질문으로 나눠야 하겠죠. 저는 먼저 '우리가 세상을 이롭게 하도록 변해야 한다고 여긴다면, 그 변화의 가장 중요한 방향은 무엇인가'라고 묻고 싶어요.

그러면 각자는 '무엇이 더 구체적인 방법일까'에 대해 생각할 수 있을 겁니다. 이에 따라 누군가 특정한 행동을 한다면, 세상은 이롭게 변하는 방향으로 나아가는 데 힘을 받습니다. 우리에게는 지구 차원에서 문제를 조정할 수 있는 더욱 강력한 능력이 필요해요. 앞서 취약한 세계 가설과 관련해 이야기한 것처럼 중대한 국제 조정 문제를 안정적으로 해결할 수 있는 글로벌 거버넌스 능력을 갖춰야죠. 그리고 각 사회뿐 아니라 국제적으로도 매우 높은 신뢰성을 갖춰서 개인이나 소규모 집단이 반인륜적 행동을 하지 못하도록 유인하는 정책을 세워야 합니다. 기술 혁신이 광범위하고 모호한 제재 속에서 빠르게 진행되고 있어요. 여기에 다양한 동기를 가진 수많은 행위자가 활동합니다. 기후변화라는 엄청난 위험 요소를 제어하기 위해서도 각 사회가 갖고 있는 거버넌스 격차를 모두 제거해야 합니다.

사회적 결속력을 높이기 위해서도 우리 안에 있는 경제적, 문화적, 정치적 격차를 돌봐야 하는데요. 코로나19 위기 속에서 더 취약해지는 사람들이 나오지 않도록 안전망을 촘촘히 메워야 한다는 생각이 듭니다. 이미 있던 위험 요소까지 살펴야 하기에 더 세심해져야 한다는 부담감이 드네요.

한 연구자 혹은 한 저널리스트가 지정학적인 변화를 획기적으로 이뤄내기란 어렵죠. 그렇지만 저는 각자가 조금이라도 다른 행동을 취한다면, 세상은 지속 가능한 방향으로 나아갈 수 있다고 봅니다. 우리는 구체적으로 생각하고 구체적으로 행동해야 합니다. 지금은 존재하지 않지만 몇십 년 안에 일어날 가능성이 있는 생명공학적 재난을 막기 위해 무엇이 위험 요소인지 짚어내고, 개별 실험실까지 관할하는 생물 안전기준을 만드는 것처럼요. 이렇듯 지속 가능한 사회를 만드는 방법에 대한 질문은 어마어마하게 광범위한 분야를 망라합니다. 그리고 구체적으로 진행해야 하죠. 특정한 행동을 해야 우리는 변화를 밀어붙일 수 있습니다. 궁극에는 지구적 문제를 해결할 거버넌스 능력을 갖춰야 하고 그것을 지속해야 합니다.

코로나19 위기를 헤쳐나가며 우리는 개인과 사회, 그리고 지구적인 차원에서 어떻게 협력해야 할 것인가를 모색해야 한다. 지금의 모든 과정이 내일의 위기를 대비하는 기회다.

7장
분리와 연결

바이러스와의
전쟁은 왜
실패할 수밖에 없는가

메디치미디어

Best

도서목록

피렌체의 식탁
MEDICI FORUM
앳워크
비타베아타
무동학교
www.medicimedia.co.kr

독학은 어떻게 삶의 무기가 되는가

야마구치 슈 지음 | 김지영 옮김 | 268쪽 | 값 15,000원

나는 가치 있는 모든 것을 독학으로 배웠다!

학교에서 배운 지식만으로는 부족한 시대가 되었다. 사회는 빠르게 변하고 있으며, 이 변화에 적응하기 위해서는 새로운 지식을 배울 필요가 있다. 하지만 학교로 돌아가 배울 수 없는 어른들을 위한 공부법이 바로 '독학'이다. 이 책에서 저자가 알려주는 독학의 기술을 배워보자.

천천히 재생

정석 지음 | 272쪽 | 값 15,000원

공간을 넘어 삶을 바꾸는 도시 재생 이야기

개발에서 재생으로, 도시의 패러다임이 바뀌고 있다. 경쟁과 효율 같은 개발 시대의 논리에서 벗어나 재생 시대에 걸맞은 새로운 논리와 철학을 제시하는 책. 개발의 흔적에 허덕이는 도시를 치유하고, 소멸 위기의 마을을 살리는 다양한 비법을 담았다

중국을 빚어낸 여섯 도읍지 이야기

이유진 지음 | 524쪽 | 값 18,000원

한 권으로 읽는 중국사 3천 년

중국사와 '공간'이 만난 국내 최초의 중국 도읍지 이야기다. 천년 고도 시안에서 시작해,《삼국지연의》낙양으로 잘 알려진 뤄양, 송나라의 카이펑, 소동파의 고장 항저우, 근현대사 비극을 간직한 난징에서 베이징까지, 이 한 권에 중국 3천 년 역사 전체를 품었다.

논쟁으로 읽는 한국 현대사

김호기, 박태균 지음 | 344쪽 | 값 16,000원

역사의 분수령에서 우리는 어떤 논쟁을 벌였고, 어떤 역사를 선택했는가?

고난과 영광의 시대가 교차하는 한국 역사에서, 한국인들은 늘 논쟁을 통해 쟁점을 분명히 하고 간혹 퇴보하되 마침내 해법을 찾곤 했다. 작금의 한국사회는 여러 난제에 직면했고 시민들 역시 '논쟁의 광장'으로 초대되었다. 이 책은 시민들이 '미래의 길'을 모색하는 데 큰 도움을 줄 것이다.

경제, 알아야 바꾼다

주진형 지음 | 408쪽 | 값 15,000원

새 사회의 주역이 들어야 할 필수 경제 강의

부동산과 일자리, 조세와 금융, 구조조정과 연금 등 나의 삶을 돌보고, 우리 모두의 삶을 정비하기 위해서는 경제를 알아야 한다. 현장 경험과 이론을 겸비한 저자의 이야기를 듣고 있으면 조각조각 불분명했던 경제라는 이름의 퍼즐이 선명하게 맞춰진다.

제가 좀 숫자에 약해서

윤정용 지음 | 284쪽 | 값 13,800원

편안한 회사생활을 위해 알아야 할 숫자의 모든 것

직장 생활이 길어질수록, 직급이 올라갈수록 숫자의 중요성은 점점 커지는데 직장인들에게 숫자는 너무 어렵다. 문과생이었던 저자는 재무팀에 발령을 받으면서 숫자에 대한 상식을 몸으로 깨우치게 된다. 이때 배운 것을 바탕으로 '직장인들이 꼭 알아야 할 숫자 사용법'에 대해 알려준다.

숲에서 경영을 가꾸다

최재천 지음 | 216쪽 | 값 14,000원

'한국의 대표적인 과학자' 최재천 최초의 경영서

한국 사회에 '통섭'을 널리 알린 최재천 교수가 생태학과 통섭을 삶과 일에 있어 지혜의 장으로 옮겨와 최재천의 경영 십계명을 제안한다. 이 책에는 대학에서 학장 보직도 피해왔던 천생 학자가 500여 명의 조직을 성공적으로 이끈 과정과 경영철학이 담겨 있다.

나는 왜 영양제를 처방하는 의사가 되었나

여에스더 지음 | 240쪽 | 값 14,000원

열량 과잉과 영양 결핍에 시달리는 바쁜 현대인을 위한 맞춤 건강 해법!

영양제는 질도 가격도 천차만별이다. 저자는 영양제의 올바른 가치와 알맞은 사용법을 과학적 근거를 바탕으로 명쾌하게 제시한다. 10가지 증상 및 질병에 따른 영양제를 추천하며 만성 피로, 다이어트, 임신, 치매 예방 등 특수한 상황에서 도움이 되는 영양제까지 꼼꼼하게 일러준다.

"일본인도 모르는 일본 이야기"

일본인 이야기 1
—전쟁과 바다

김시덕 지음 | 436쪽 | 값 20,000원

일본사 최종판! 250여 점의 생생한 도판 수록

일본을 제대로 이해하기 위해서는 그 역사와 문화를 이해해야 한다는 문제의식 아래 기획한 《일본인 이야기》 시리즈의 첫 권. 16세기 일본은 어떻게 조선, 중국과 다른 길을 걷게 되었는가? 격동의 16세기 역사에 대한 저자의 명쾌하고 참신한 해석이 왜 일본의 근세를 알면 현대의 일본을 알 수 있는지를 보여준다.

"예술을 이해하기 위해 우리에겐 예술가의 삶이 필요하다"

천년의 화가
김홍도

이충렬 지음 | 480쪽 | 값 22,000원

편견과 신화를 벗어던진 위대한 예술가의 생애

단원 김홍도의 일생을 기록한 첫 번째 전기. 가난한 바닷가 마을 소년이 임금을 그리는 어용화사가 되고, 조선의 새로운 경지라는 찬사를 듣는 화원으로 성장하기까지, 그 파란만장한 일대기가 드라마틱하게 펼쳐진다. 대표작을 포함한 100점의 도판을 실어 대화가의 삶과 예술적 성취를 온전히 느낄 수 있다.

"바이러스와의 전쟁은
수백만 명의 생계를 앗아가는
결과를 낳을 겁니다.
우리는 3000만 명의
굶주린 목숨을 저버린 채
확진자 숫자만을 헤아릴 수
없습니다."

반다나 시바
Vandana Shiva

캐나다 퀠프대학교에서 과학철학 석사, 웨스턴온타리오대학교에서 양
자이론 연구로 물리학 박사 학위를 받았다. 1982년 인도로 돌아와 과
학·기술·천연자원정책연구재단을 설립하고, 1991년 토종 종자 보전과
유기농 농법 확산을 위한 나브다나Navdanya를 설립해 인도 16개 주 60여
지역에 종자 은행을 개설하고, 100만 명의 농부들과 함께 유기농 농사
를 일으키고 있다. 나브다나의 정신은 세계 환경, 농업, 생물 다양성 분
야에 막대한 영향을 미치고 있다. 반다나 시바는 아프리카, 아시아, 남아
메리카 북아메리카 유럽의 환경 농업 여성 등 다양한 시민 조직 건설
에 앞장서왔고, 세계인의 지속적인 연대를 이끌고 있다. 유엔의 여러 기
구에서 자문하며, 스페인 사파테로 전 총리의 과학위원, 부탄의 정부 주
도 100퍼센트 유기농업 전환 핵심 자문을 맡고 있다.

반다나 시바는 과학자이자 농부이며 거대 기업 중심의 세계화 전략에 맞서 대중의 권리를 위해 헌신해온 풀뿌리 운동 지도자이다. 농업 정책가이며 생태 중심의 대안적 삶을 제시하는 '지구 민주주의' 개념과 '에코 페미니즘'을 태동시킨 사상가이기도 하다. 반다나 시바의 말에는 하루하루 어렵게 살아가는 이들의 목소리가 들어 있다. 경제란 엘리트의 머릿속이나 자본 시장에 있는 것이 아니라 다수의 생계에 있음을 기억하게 한다. 그녀의 쩌렁한 권유 속에 지구가 인류에게 전하는 메시지가 울려퍼진다. 그 메시지에는 오늘 우리가 마주한 이슈와 내일을 위해 나아갈 방향이 담겨 있다. 4월 28일 인도 뉴델리 자택에 있는 반다나 시바와 온라인 화상 인터뷰를 진행했다.

코로나19가 던진 초대장
사람이 필요하지 않은 경제로 갈 것인가

인도는 지금 상황이 어떤가요?

지구에서 가장 혹독한 봉쇄라고 봅니다. 경찰이 곳곳에 있어
요. 거리를 다닐 수 없습니다. 밖으로 나갈 수조차 없죠.

일자리를 찾아 도시로 온 지역 출신 노동자들은 고향으로 돌
아가야 한다고 들었는데요?

대다수가 수용 시설에 있습니다. 다들 집에 가고 싶어 하죠.
그중 일부는 돌아가기도 했지만, 거의 대부분 발이 묶여 있
습니다. 먹을 것도 돈도 없다고 해요. 오늘 낮에도 기금을 모
으는 활동가가 전화를 했습니다. 노동자들이 가족에게 전화
를 하려면 100루피(한화 약 1500원)가 필요한데 그 돈마저 없

다고 하네요. 지금 저는 1억 4000만 명에 달하는 사람들을 이야기하는 겁니다. 이 코로나19 바이러스 시국에서 잊힌 사람들입니다.

각 나라 정부와 언론은 바이러스 전파를 우려해서 신용카드를 쓰라고 권합니다. 거리에서 장사하는 상인과 현금을 쓸 수밖에 없는 사람들이 있는데, 이들을 고려하는지 의문이 들었습니다.

인도에서는 2016년 어느 날 밤 9시에 느닷없이 고액권 지폐 사용이 불법이 돼버렸습니다. 화폐 개혁이었죠. 고액은 디지털 지불 방식으로 옮기라는 의미인데, 배후에는 테크놀로지 악당들이 있습니다. 자, 내 손에 현금이 있다면 무얼 의미할까요? 바로 내 손에 자유가 있다는 겁니다. 비록 적은 현금이지만 그 돈으로 경제의 일부분이 될 수 있거든요. 신용카드를 가지려면 은행 계좌가 있어야 해요. 이 봉쇄 상황에서 저는 디지털 결제를 하지 못합니다. 저처럼 디지털 금융 네트워크에 접근하는 데 어려움을 겪는 사람에게 누군가 찾아와 모든 데이터를 넘기면 대신 현금으로 지불해주겠다고 제안합니다. 그리고 예금에서 수수료로 1만 4000루피(한화 약 22만 7000원)를 가져갑니다. 이는 디지털 머니가 아니에요. 임대업입니다. 가난한 사람들을 위한 금융이 아니죠. 지금 우리가 마주한 새로운 국면입니다. 결국 작은 상점을 하거나 야채 행상을 하는 사람, 시골의 소농은 사라지고 말 겁니다. 새로운 테크놀로지는 사람을 필요로 하지 않아요. 이 경제가 우리를 내치고 있습니다. 모두가 자기의 생계 방식을 결정할 수 있어야 민주주의입니다. 가난한 사람, 중간계급 사람, 더 부자인 사람 모두가 스스로 삶의 방식을 선택하도록 보장하는 겁니다. 지금은 억만장자만 자기 결정권을 행사합니다. 디지털 금융은 굶주림으로 가는 초대장이 될 겁니다.

코로나19가 빈부 격차를 더 심화할 거라고 보나요?

유엔은 진작부터 코로나19 위기 동안 3000만 명 가까이 굶주림에 빠질 거라고 말했어요. 이는 세계화 경제가 얼마나 무한정한 탐욕을 기반으로 하는지를 설명하는 데이터입니다. 25년 전의 경제 시스템 속에 제프 베이조스는 없었습니다. 지금은 가장 부자인 사내죠. 코로나19 위기 속에서 사람들이 생계를 잃는 동안, 2600만 미국 노동자들이 실업수당을 신청하는 동안, 인도에서 일터를 잃은 1억 명이 나오는 동안, 타인의 경제가 무너지는 그 틈에서 제프 베이조스는 하룻밤에 240억 달러를 벌었습니다. 오늘 낮에 정신적인 스승으로 존경받는 분께서 제게 인터넷 세미나를 하자고 했어요. 흥미로운 내용이 있었습니다. 그분은 어떤 경제라도 자연을 죽이고 사람들의 삶터를 빼앗는다면 이는 범죄 경제criminal economy라고 하더군요. 그래요, 우리는 이 코로나19 위기 속에서 더욱 빠르게 범죄 경제로 옮겨가고 있습니다.

한국의 언론은 우리에게 모바일로 조직된 시장이 있었기에 코로나19 위기 속에서 사람들이 그나마 사재기와 같은 혼란을 겪지 않고 안정된 일상을 유지한다고 평가합니다.

1990년대에 지속 가능성에 대한 교육을 하러 한국에 간 적이 있어요. 야시장으로 안내하더군요. 한 평 남짓한 자리마다 여성들이 무언가를 팔고 있었습니다. 그것이 바로 생계입니다. 우리가 집 안에서 무언가를 주문한다면 우리는 야시장에 가지 않을 거예요. 그 여인의 생계는 어떻게 될까요? 전자상거래는 실제 생활을 꾸려가는 사람들과 경쟁합니다. 매우 집중화된 운영이고 그 분배 사슬 속에서 점점 더 많은 이들이 생계를 빼앗기고 있습니다. 플랫폼 안으로 더 많은 자본 집중이 일어나고 있죠. 이미 호텔 업계가 재편됐고, 택시 회사들이 무너졌어요. 우리는 월마트로 학습한 고통을 아마존으로 복습하고 있습니다. 거대 자본은 골목 깊숙이 더욱더 파고들고 있습니다.

종자와 산업화 농업에서도 같은 일이 벌어집니다. 몬산토, 듀폰, 신젠타, 카길 이 빅4 기업이 종자를 쥐고 흔들며 살충제와 비료를 좌우합니다. 이들이 지금 디지털로 옮겨갔어요. 디지털 농업을 밀어붙이며, 농부는 필요 없다고 말합니다. 저는 쌀 수입과 소고기 수입에 반대하여 일어났던 한국인들이 이제 식품 공급 체인을 의도적으로 붕괴시키는 전자상거래 중심 사고에 맞서 저항하길 바랍니다. 우리의 오른손에는 먹거리를 기르는 농부들이 있고, 왼손에는 배고픈 사람들이 있습니다. 그런데 이 세상에 있는 어떤 정부도 이 둘을 연결시키지 않아요. 왜 우리 정부는 농부들이 멸종되도록 놔두는 걸까요? 왜 배고픈 사람들이 더 곯도록 방치할까요? 어제 인도 오스텔에서는 음식을 구하는 행렬이 5킬로미터나 늘어섰습니다. 몇 명은 더위에 실신하기도 했죠. 그러니까 왜 그들이 뙤약볕 아래 줄을 서야 할까요? 바로 지금 실리콘밸리의 가장 큰 투자처가 실험실 음식과 가짜 음식이 됐기 때문입니다.

그린green과 그리드greed가 뒤섞여
탐욕의 경제를 만들다

가짜 고기(대체육)는 2020년 최고의 혁신으로 주목받습니다.

지난 5년 동안 저희 연구진은 살충제에 노출된 화학 식품과 고도로 가공된 식품이 암, 당뇨병, 신경 손상, 고혈압과 여러

우리의 오른손에는

먹거리를 기르는 농부들이 있고,

왼손에는 배고픈 사람들이 있습니다.

그런데 이 세상에 있는 어떤 정부도

이 둘을 연결시키지 않아요.

왜 우리 정부는 농부들이 멸종되도록

놔두는 걸까요? 왜 배고픈 사람들이

더 곯도록 방치할까요?

새로운 질병을 유발하는 것을 밝혀냈습니다. 예전에는 지금처럼 암 환자가 많지 않았어요. 지금은 아무에게나 물어보세요. 암에 걸린 가족이 있다고 하죠. 삶의 환경이 취약해지니 질병으로 입는 타격도 커지고, 이는 코로나19 상황에서도 드러납니다.

보팔 사람들이 죽어가고 있어요. 가스 폭발에 노출됐던 사람들입니다.(1984년 인도 보팔의 유니언카바이드 공장에서 일어난 가스 누출 사고. 20세기 최악의 산재로 기록되었으며 후유증으로 숨진 이들까지 더하면 사망자가 1만 6000명에 이른다.) 뉴올리언스 암 지대Cancer Alley(암 환자 발생 비율이 높은 뉴올리언스 공장 지대)에 사는 사람들이 죽어가고 있어요. 그들에게 코로나19는 치명적입니다. 만약 당신에게 당뇨병이 있다면 코로나로 죽을 확률이 1퍼센트에서 9퍼센트로 올라갑니다. 뉴욕에서도 같은 일이 벌어지고 있습니다. 아프리카계 미국인들이 큰 숫자로 죽어가요. 식량 사막(400미터 이내에 신선한 식재료를 판매하는 상점이 없는 지역)에 사는 가난한 흑인들은 정크푸드를 먹을 수밖에 없고, 비만과 당뇨병에 걸린 비율도 타인종에 비해 월등히 높습니다. 산업화된 음식에 첨가된 재료들은 결코 음식이라 불려서는 안 될 물질이고, 이로 인해 우리 몸이 피해를 입고 있다는 사실이 다시금 증명됐어요.

몸이란 무엇일까요? 우리의 장에는 미생물이 60조 개 있습니다. 미생물의 활동을 연구해봤다면 감히 실험실에 앉아서 미생물에 해를 끼치겠다고 할 수 없을 겁니다. 하지만 이윤만을 생각한다면 감행하겠죠. 실험실에서 만들어지는 식품은 엄청난 이윤을 만드는 장사입니다. 하지만 이는 범죄예요. 과학은 증명합니다. 우리 인간에게는 씹어서 섭취하는 진짜 음식이 필요하다고요. 실험실에서 나오는 씹지 않고 삼키는 화학 식품이 아니라요. 우리 몸은 신선한 유기농 식품을 필요로 합니다. 건강을 위한다며 실험실 음식, 가짜 음식을 사람들에게 강요하고, 건강을 보조한다는 이름으로 선전하는 행위는 거짓말이고 범죄입니다.

지난 1월 CES 2020(세계 최대 소비자 전자제품 박람회)에서는 임파서블푸드의 가짜 소고기 버거가 숲을 보호하고, 지구온난화를 막을 쾌거라는 칭송을 받았습니다.

가짜 고기는 GMO(유전자변형생물) 콩으로 만들었어요. 왜 아마존 열대우림이 잘려나갈까요? GMO 콩을 재배하기 위해서예요! 식품 소비 구조를 유전자조작 산업으로 옮겨가려는 겁니다. 식물을 기반으로 만들었다는 대부분의 가짜 고기 원료가 GMO 콩이에요. GMO 콩으로 만든 버거를 먹으면서 숲을 보호한다고 말하는 사람이 있다면 그는 거짓말을 하는 겁니다. GMO 콩 경작지로 둔갑하느라 아마존이 타 들어갑니다. 미 중부에 있는 광활한 GMO 콩 재배지도 생명의 무덤이

됐습니다. 나비가 사라지고, 제왕나비가 죽고, 여타 식물들도 죽었어요. 거기에 슈퍼 잡초까지 만들어냈습니다. 슈퍼 잡초의 대명사인 아마란스Amaranth는 원래 신의 음식이라는 뜻의 '람바나'로 추앙받았습니다. 척박한 땅에서도 잘 자라는 영양가 높은 식물로 아메리카 원주민들도 8000년 동안 먹었죠. 여기에 그린green(식품 산업)과 그리드greed(탐욕)가 뒤섞여 슈퍼 잡초가 된 겁니다. 아마란스는 GMO 콩 재배지에 뿌린 살충제에 유일하게 살아남아 천대받습니다.

미국 콩 농사의 반이 GMO 콩으로 넘어갔어요. 라운드업 레디 콩(몬산토가 만든 콩으로 강한 제초제에도 죽지 않는다)으로 매년 종자 거래 이윤을 남기고자 불임 씨앗으로 만든 데다 암까지 유발합니다. 우리는 이를 금지하려고 미국인과 함께 싸우고 있어요. 그런데 지금 유전자조작 씨앗을 옹호하는 빌 게이츠가 한발 더 나아가 펜타곤과 손잡고 유전자 편집으로 종들의 멸종을 부르는 연구를 지원합니다. 그들은 아마란스를 멸종시키려 합니다. 누군가 의도적으로 '나는 쓸모없는 종들을 없애겠다'라고 말한다면 이는 생물학적 다양성의 원리를 위배하는 겁니다. 우리와 지구와의 관계를 위배하는 거예요. 또한 인도와 같은 나라들의 식량 안보를 해치는 겁니다.

그래도 기후변화를 막으려면 고기 소비를 줄여야 하지 않을까요?

소비자들은 고기를 더 달라고 요구하지 않았어요. 고기 소비는 GMO 콩과 GMO 옥수수를 기반으로 하는 축산업, 거기에 대량 지원되는 보조금 때문에 증가했습니다. 미국에서 카포 CAFO라고 부르는, 좁은 공간에 가축을 대량으로 길러 이윤을 극대화하는 집약적 생산 구조가 가져온 소비입니다. 여기에 실리콘밸리는 가짜 고기를 만들어서 더 많은 돈을 벌고자 합니다. 특히 동물 사료 산업으로 엄청난 정부 보조금이 흘러갑니다. GMO 콩을 길러 사료로 팔면 보조금을 제일 많이 받죠. 이 시스템 속에서 공장식 축사가 운영됩니다.

이런 시스템이 없다면 고기 소비는 자동적으로 줄어들 겁니다. 사람들에게 병을 유발하는, 항생제에 오염된 고기 소비도 줄겠죠. 공장형 축사를 지나갈 때 코를 싸잡게 되죠? 돼지, 닭, 소들이 너무 많이 있는 곳에서는 코로 숨을 쉴 수가 없어요. 이 고약한 냄새가 메탄입니다. 같은 온실가스인 이산화탄소보다 여든 배 더 기후에 치명적이죠. 동물 해방도 필요해요. 마음대로 움직일 동물의 자유야말로 우리가 원하는 것이죠.

이는 우리의 자유와도 연결되죠.

정확히요. 우리는 하나의 행성을 갖고 있습니다. 그리고 모든 종은 서로서로 연결되어 상호 존재합니다. 그런데 우리

가 서로를 폭력적으로 다룬다면 우리는 지옥을 창조할 겁니
다. 모두 같이 질병에 시달릴 거예요. 우리는 하나의 지구, 하
나의 건강 체계 속에 있는 겁니다. 동물의 권리, 식물의 권리,
세균의 권리를 존중한다면 우리는 건강을 얻을 겁니다.

바이러스와의 전쟁은
지구에 대항하는 전쟁

코로나19 위기의 주요한 원인은 무엇인가요?

원인을 알기 어렵습니다. 거대한 지정학적 논쟁이 벌어지고
있기 때문이죠. 한 가지 분명한 것은 바이러스가 박쥐로부터
왔다는 겁니다. 작년에 박쥐와 관련된 정보를 나브다냐 회원
들에게 들었는데, 중국과 미국 방위대가 인도 나갈랜드 지역
에서 박쥐를 불법으로 채집했을 때입니다. 이는 생물자원 수
탈bio-piracy이에요. 국제 규약은 아무 나라에나 몰래 들어가
생물자원을 훔치지 못하도록 허가를 받게 했습니다. 그들은
코로나 바이러스를 채취해간 겁니다. 그렇게 채취해간 바이
러스를 장기 매매 시장이나 공장형 축사 또는 실험실에서 증
식했을지 모릅니다. 어떻든 저는 코로나19만을 분리해서 보
는 접근 방식은 비과학적이라고 봐요. 지난 30년 동안 인류

에게 영향을 미친 새로운 질병은 300개 가까이 됩니다. 그중 상당수는 숲에서 왔습니다. 지금 야생종들의 질병이 이동하고 있어요. 예전에 인도 키아사누르에서 감염병이 발생했습니다. 숲을 벌채하니까 원숭이들이 마을 가까이로 왔고, 원숭이 몸에서 나온 벼룩이 인간에게 오면서 출혈성 질환이 창궐했죠. 키아사누르 삼림병이라고 불립니다. 에볼라도 숲이 파괴되면서 일어났습니다. 우리는 숲을 파괴함으로써 새로운 감염병이 발생한다는 것을 압니다.

　이것이 우리가 지구에 대항하는 전쟁을 반드시 멈춰야 하는 이유입니다. 또 '바이러스와의 전쟁'이라는 비유를 사용하는 것도 멈춰야 해요. 바이러스가 생물은 아니라 할지라도 스스로를 복제합니다. 인류가 살아 있는 존재에 대하여 전쟁을 선포할 때마다 결과는 좋지 않았어요. 식민지 수탈에 나서며 원주민을 야만인이라 부르고 전쟁을 선포했습니다. 그렇게 90퍼센트에 달하는 미국 원주민을 해방이라는 이름 아래 몰살했습니다. 저는 우리 농업을 지키러 보팔과 펀자브에 갔을 때 히틀러가 수용소에서 전쟁이라는 이름으로 자행했던 일을 보았어요. 히틀러는 지배자 민족의 이름으로 열등한 민족들을 멸종하겠다고 결정했습니다. 독가스를 사용했죠.

　2차 세계대전에 사용했던 독가스가 농업으로 옮겨와 살충제가 됐고, 폭약의 재료인 질소 역시 농산업의 비료가 되었습니다.

그래요. 사용했던 독가스가 농산업으로 옮겨와 벌레와의 전쟁, 곤충과의 전쟁을 창조했습니다. 그 결과 우리는 무엇을 얻었나요? 벌들의 실종입니다! 이 전쟁으로 80퍼센트의 곤충이 사라졌습니다. 전문가들은 경고합니다. 먹이사슬 속에 있어야 할 곤충의 자리를 파괴함으로써 우리 스스로를 붕괴시키고 있다고요. 전 세계는 지금 코로나와 전쟁을 선포하고 있습니다. 저는 코로나19 바이러스와의 전쟁은 수백만 명의 생계를 앗아가는 결과를 낳을 거라고 봅니다. 벌써 굶주림의 팬데믹이 시작됐습니다. 계속된다면 인류의 50퍼센트가 삶터를 잃을지 몰라요.

정부는 경제냐 목숨이냐를 두고 논쟁하지만, 보통 사람들은 그냥 경제 속에서 생계를 꾸려가요. 제가 작은 가게를 하거나 미용실에서 일하거나 작은 공장을 운영한다면, 혹은 소규모 농사를 짓는다면 제 목숨과 생계는 하나로 붙어 있습니다. 우리는 3000만 명의 굶주린 목숨을 저버린 채 확진자 숫자만을 헤아릴 수 없습니다. 인류가 생명의 그물망에 대항하여 전쟁을 선포한다면 이는 스스로에게 전쟁을 선포하는 격이며, 그 순간 인류는 생명망에서 분리됩니다. 적어도 힘센 인간들이 나머지 인류를 향해 선포하는 전쟁이 됩니다. 그 생각만으로도 반인륜적인 행위를 저지르는 거예요.

비접촉 사회에서
우리는 쓸모없어질 것이다

모두의 삶을 되살리기 위해 무엇을 해야 할까요? 경제 시스템이 연결되어 있어 신자유주의 이전인 50년 전으로 돌아갈 순 없습니다.

봉쇄는 강력한 요구가 있다면 탈세계화를 할 수 있다는 가능성을 보여줬습니다. 두 달 동안 아무도 돌아다니지 못하고 있죠. 글로벌 경제가 거의 멈췄어요. 이 상황이 주는 메시지는 바꿀 수 있다는 것입니다. 이미 바뀌고 있고요. 그렇다면 다음 단계의 경제는 무엇이 되어야 하는가인데, 바로 자연을 위해 일하는 경제가 될 겁니다. 지구와 함께하는 경제는 이미 많은 사람들이 모색해왔고, 준비되고 있습니다. 예전 방식에는 살 길이 없습니다. 사람이 없는 경제를 원하나요? 인공지능 로봇과 자동화는 이를 추구합니다. 우리들은 지금 다섯 명의 억만장자에게 의존하고 있습니다. 그 구조가 사람 없는 경제예요. 제프 베이조스, 빌 게이츠, 마크 저커버그, 구글(래리 페이지, 세르게이 브린).

물론 그들도 고용을 합니다. 아마도 몇백만 명 중에 한 명 꼴로 할 거예요. 하지만 이 고용인들도 소프트웨어 개발자들에 의해 곧 밀려날 겁니다. 노동자가 필요 없는 알고리즘이 개발될 수 있으니까요. 벌써 개조되고 있어요. 선생님 없는 교육을 원하나요? 그렇다면 스크린이 우리를 가르칠 겁니다. 인간에게 있어 가장 중요한 관계인 유대감은 학교 운동장에서 키워집니다. 코로나19 위기 속에서 나오는 산업의 메시지가 있어요. '어린이들은 이제 친구를 사귈 수 없을 것이다. 홀로 자랄 것이며 유일한 친구는 눈과 마음을 망가뜨리는 스크린이다.' 디지털에 과도하게 중독된 상태는 알코올 의존증과 니코틴중독에 상응하는 결과를 초래한다는 연구가 있습니다. 뇌의 한 부분이 수축해 퇴화하는데, 컴퓨터를 많이 봐도 같은 현상이 일어나죠.

지금은 비접촉 시대라는 구호가 소비를 촉진하는 마케팅 분야뿐 아니라 교육, 기업 경영, 심지어 여행에서도 나오고 있습니다. 3D 영상이나 가상현실 기술들이 각광받고요.

비과학적인 방향으로 가고 있는 거예요. 그동안 축적된 연구 결과들을 폐기한 겁니다. 우리 아이들을 감옥에 가둘 건가요? 오늘날의 감옥은 예전과 달라요. 보이지 않는 수갑을 찹니다. 쇠가 아닌 디지털 족쇄이지요. 눈에 보이진 않지만 자유를 빼앗기는 구속 상태입니다. 요즘 아이들은 뛰어놀 자유를 빼앗겼어요. 학교 갈 자유를 빼앗겼어요. 두뇌를 다양하게 개발하며 자랄 자유를 빼앗겼습니다. 새로운 교육 프로그램을 선전하는 광고들이 쏟아져나오죠. 온통 읽기, 쓰기 광고입니다. 아이들이 키워낼 지능은 읽기와 쓰기에만 있지 않아요. 이는 분석 기술로 좌뇌를 개발하는 데 초점을 맞추죠. 우뇌를 개발해야 공감 능력이 자랍니다. 우리에게 가치를 일깨우고 지혜를 주죠. 무엇이 좋고 나쁜지, 무엇이 옳은지, 행복이 무엇인지 생각하고 판단하게 합니다. 우리 아이들이 자신을 충만하게 채워주는 것이 무엇인지 알고 싶지도 않고, 열정이 뭔지도 모르는 어른이 되길 바라나요?

모두를 위한 경제와
지구를 위한 민주주의

그동안 추구했던 가치들이 모두 뒤집어질 것 같은 혼돈이 일고 있습니다. '뉴 노멀'이라는 말마저도 전과 다른 예측 불가능한 체제가 들어설 것 같은 음산한 분위기로 다가옵니다.

우리는 전환의 시기를 맞았습니다. 이 분수령에 대해 차분히 아주 깊게 생각할 필요가 있습니다. 지난 20여 년 동안 한줌의 남자들이 나머지 사람들에 맞서 억만장자가 되었습니다. 일하지 않으면서, 단지 임대료를 걷는 구조에 기대어 모두의 가치를 쓸어갔어요. 예전에는 땅을 빌려주고 임대료를 걷었지만 이제는 디지털 수수료라는 임대료를 겁니다.

쇼샤나 주보프Shoshana Zuboff 하버드대학교 교수는 자본주의의 다음 단계를 감시 자본주의라고 명명했습니다. 감시 자본주의는 우리의 몸과 두뇌에서 나오는 데이터로 돈을 법니다. 감시 시스템이 창조되고 개인에 대한 모든 정보가 수집되죠. 그렇게 되면 우리는 더 이상 자유롭고 자율적인 인간이 아니에요. 제게 있어 자율이란 내 마음과 몸을 내가 조절하는 겁니다. 1970년대 페미니스트들 사이에 유명했던 책이 있어요.《우리 몸 우리 자신Our Bodies, Ourselves》. 내 몸을 스스로 조절하는 건 매우 중요합니다. 새로운 감시 시스템은 피부 아래 흐르는 우리의 모든 것을 조정합니다. 지금 당장 이에 대한 사회적 논쟁을 벌여야 해요. 탐욕으로 꽉 찬 다섯 남자들이 우리를 휘두르게 놔둘 수는 없습니다.

한국이 코로나19 위기를 잘 넘기고 있는 이유는 사람들의 이동 정보, 소비 정보 등을 수집하기 때문이라고 합니다. 그리고 실제 다수의 국민들은 안심하고요. 코로나19 이후 정보에 대한 어떤 규제가 필요할까요?

우선 단계별로 결정해나가야 합니다. 디지털 시스템이 내게 얼마나 유용하고 실리를 주는지 생각하고, 나의 실리를 넘어서 어느 정도까지 일상에 들어오도록 할 것인지 결정하는 거죠. 이 단계에서도 정부에 요구할 사항들이 나올 겁니다. 그러나 그 전에 지역공동체에 의견이 자리 잡도록 토론을 조직해야 해요. 코로나19 이후의 미래는 인류를 위한 건강, 모두를 위한 경제, 개인의 자유가 핵심 요건이라고 봅니다.

민주주의가 관건이겠죠?

그럼요. 민주주의야말로 당장의 미래를 만드는 관건입니다.

당신이 정의하는 민주주의는 무엇인가요?

첫째, 우리가 지구의 일부분임을 알아차리는 겁니다. 수많은 관계 속에 있고, 모두가 자유를 누릴 권리가 있음을 인식하는 거죠. 꿀벌에겐 존재할 자유가 있어요. 지렁이에게도 있죠. 식물은 유전자조작을 당하지 않을 자유가 있습니다. 모든 생명에게 자유를 보장하는 지구 민주주의입니다. 지구 민주주의 안에서 인류는 생태를 말살하는 독점화된 탐욕의 경제로부터 생명을 지속하는 경제로 옮겨갈 수 있습니다.

둘째, 살림 민주주의입니다. 몬산토가 우리의 종자를 도둑질할 때 저는 농부들에게 물었습니다. "당신들은 우리의 자유를 무엇이라고 보는가?" 농부들이 답했어요. "우리의 자유는 숲의 자유다. 우리의 자유는 강물의 자유다." 살림 민주주의는 모든 생명 공동체를 바탕으로 합니다. 공동체는 자기들이 마실 물에 어떤 일이 벌어질지, 흡입하는 공기에 어떤 일이 벌어질지 마땅히 스스로 결정해야 합니다.

셋째, 삶의 문화입니다. 미국 정치학자 새뮤얼 헌팅턴Samuel Huntington은 우리들이 증오로 만들어졌다고 말했어요. "만약에 내가 누구를 증오하는지 모른다면, 내가 누구인지 모르는 것이다." 쓰레기 같은 말이죠. 그는 살아 있다는 의미가 무엇인지, 공동체가 무엇인지 모릅니다. 하나된 존재가 무엇을 일컫는지 도통 모릅니다. 끔찍한 증오만 알 따름입니다. 안타깝게도 지금 코로나19와 함께 이 증오가 우리 사회 속에 퍼지고 있습니다.

저는 평론가인 토머스 프리드먼Thomas Friedman과 자주 토론을 했는데요. 그가 9·11 때 이런 비평을 했습니다. "나는 내 옆에 테러리스트가 있을까 봐 무서워요. 정부가 확인하도록 권한을 줄래요." 지금은 이렇죠. "나는 내 옆에 코로나19에 걸린 사람이 있을까 봐 무서워요. 정부가 확인하도록 권한을 줄래요." 그 결과 무슨 일이 벌어졌나요? 새로운 불가촉천민이 탄생했습니다! 사람들은 단지 무섭다는 이유로 서로를 증오합니다. 우리는 이 바이러스가 1퍼센트의 치사율을 갖고 있다는 것을 알아차려야 합니다. 단지 1퍼센트입니다. 의료 전문가들이 말합니다. 가장 안전한 길은 건강한 음식을 섭취하며 면역력을 키우는 것이라고요. 우리는 더 이상 면역력에 대해서 이야기하지 않아요. 이 작은 바이러스가 인류와 행성을 지배했다고만 말합니다. 바이러스는 적이 아니에요. 바이러스를 죽일 수도 없습니다. 서로가 서로를 두려워하는 결과만을 만들 겁니다. 타인이 없으면 나도 살아남을 수 없어요. 이 두려움의 문화야말로 지금 가장 거대한 바이러스입니다.

민주주의는 자연에서 와서
우리 몸에서 자란다

우리 면역 체계를 파괴하는 건 무엇인지요?

나쁜 음식이죠!

스트레스 아니고요?

스트레스는 나쁜 음식에서 오는 결과이기도 합니다. 스트레스와 나쁜 음식은 면역계가 부실해지도록 서로를 북돋습니다. 나쁜 음식을 먹을 때 장의 미생물들이 파괴됩니다. 그리고 스트레스를 받습니다. 미생물들이 우리의 몸과 마음을 조절하는데 이 미생물들이 없어지니 균형이 무너지는 거죠. 저는 건강은 숲에서부터 우리의 논밭으로, 그리고 흙을 거쳐 우리의 장으로 온다고 말합니다. 스트레스와 나쁜 먹거리는 둘 다 스스로를 조절하는 우리 몸의 능력을 파괴시켜요. 당뇨병과 같은 병을 대사장애 질환이라고 부르는 이유죠. 인슐린 조절력이 망가지는 겁니다.

우리는 한 가지 음식만으로 살 수 없습니다. 끼니마다 여섯 가지 맛을 섭취해야 좋아요. 한국에는 김치가 있잖아요. 그 속에 있는 다양한 맛이 서로 다른 미생물을 키워냅니다. 이 미생물들은 장에서 서로 다른 역할을 하며 효소를 만듭니다. 피를 만들고 신경세포, 신경전달물질을 생성해요. 음식은 몸 밖의 다양성과 몸 안의 다양성을 연결합니다. 바른 음식이야말로 면역력을 만들어내는 가장 효과적인 방법이에요. 코로나19로 미국 뉴욕에서 흑인들이 가장 많이 죽었습니다. 그들의 면역 체계는 코로나 이전에 이미 무너져 있었어요. 그들은 식량 시스템 안에서 '고립'이라는 형벌을 받고 있었습니다. 어느 사회에서 식량 사막이라는 단어가 사용되고 있다면 이는 기본적으로 '저들은 사회의 일원이 아니다'라는 차별이에요. 민주주의는 사회의 모든 사람들이 바른 먹거리에 접근할 수 있도록 보장해야 합니다. 이는 인간의 권리입니다.

데라둔에 있는 나브다냐 생태 보존 농장을 방문했을 때, "음식과 약은 분리되지 않는다"라는 말을 들었습니다. 그래서 다양한 작물을 키우는 나브다냐 사람들이 건강하다고요.

바이러스는 적이 아니에요.

바이러스를 죽일 수도 없습니다.

서로가 서로를 두려워하는 결과만을

만들 겁니다. 타인이 없으면 나도

살아남을 수 없어요. 이 두려움의

문화야말로 지금 가장 거대한

바이러스입니다.

그럼요. 우리는 '안남 사바오슈디'라는 말을 씁니다. '안남' 은 음식이고, '사바오슈디'는 만병통치라는 뜻이죠. 좀 전에 나브다냐 농장에서 전화가 왔어요. 오늘 검은색 당근을 수확 했답니다. 주황색도 아니고, 보라색도 아니고, 검은색 당근입 니다. 나브다냐 회원들은 다양성을 섭취해요. 매일 다른 재 료로 상을 차리니 우리의 내장 미생물은 매우 행복하죠.

> 인도 전역에 있는 나브다냐 회원들 중에 코로나19 희생자는 없나요? 나브다냐는 세계 대안 운동의 상징이기에 로컬 경 제를 하는 곳이 지금 상황에서 어떤 다른 안전성을 갖는지 궁금합니다.

우리는 안전합니다. 인도에서 코로나19는 해외 유입자들에 의해서 퍼지고 있어요. 외국을 여행하는 사람들 사이에서요. 인도에서는 코로나19 바이러스를 부자들의 질병이라고 부 릅니다. 아직 인도 전역까지 퍼지지는 않았습니다.

> 이미 경제 위기가 시작됐습니다. 감염되지 않았다고 해서 안 전하다고 말할 수 있을까요?

우리는 각자의 먹거리를 갖추고 있어요. 인도 전역에서 나브 다냐와 함께하는 농부들은 다양한 곡식을 거두고 1년 내내 다양한 채소를 수확합니다. 우리는 회원들에게 봉쇄가 영원하지 않을 것이라고 알리고 있습니다. 곧 은행 업무가 원활해지고, 각자 수표를 쓰며 거래를 이어갈 수 있을 거라고요. 나브다냐는 훨씬 더 회복에 탄력적입니다. 하지만 인도 전체는 안전하지 않아요. 당신은 '경제 위기'가 시작됐다고 했는데, 저는 '인류를 비극으로 몰고가는 경제 위기'가 시작됐다고 덧붙이겠습니다.

일자리를 잃는다는 것은 생계를 잃는다는 뜻입니다. 작은 상점은 한 번 문을 닫으면, 다시 열기가 아주 어렵습니다. 어렵사리 가게를 유지하고 있다 해도 정부 지원을 받기 까다롭고요. 경제를 이야기할 때면 늘 시상을 말하고 기업 경영을 내세웁니다. 하지만 현실은 생계 경제예요. 바로 우리 삶이죠. 소시민의 경제는 바로 목숨입니다. 생계 수단이 무너지면 언제나 자살 뉴스가 나옵니다. 인도에서 특히 그랬어요. 30만 명의 농부들이 목숨을 끊었습니다. 우리는 지금 코로나19 위기로 모든 것을 잃어버린 사람들의 자살을 보고 있습니다.

자연은 우리가 물러선 만큼
우리에게 다가온다

나브다냐가 추구하는 지역 경제 시스템이 답이라고 생각하나요?

그것이 답이죠.

바른 지역 경제란 무엇인가요?

순환 경제가 되어야 합니다. 글로벌 경제는 추출을 기본으로 합니다. 이윤을 짜내려고 작동합니다. 그래서 농업이 산업화되고 세계화된 겁니다. 세계 무역의 큰 부분을 차지하죠. 하지만 식량을 길러온 농부들은 오히려 위태로워졌어요. 중간 거래자나 기업에 의존하는 구조가 되면서 지속 가능성을 잃었습니다. 이제는 같은 지역에 있는 소비자에게 의지해야 합니다. 바로 옆에 사는 사람들이요. 이것이 순환 경제입니다. 순환 경제는 두 가지 방식으로 이루어져요. 첫 번째는 자연으로 되돌려주는 겁니다. 나브다냐가 하는 방식이죠. 유기농 농사를 지으며 대지를 보호하고, 다시 대지로 돌려줍니다. 우리는 이렇게 말해요. "대지의 어머니이시여 고맙습니다. 당신은 우리에게 먹거리를 주셨고 당신의 품에 조금 남겨두겠습니다." 이 방식은 우리와 우리의 미래를 보살핍니다. 자연의 생명 주기를 순환시키죠. 두 번째는 생산자와 음식을 먹는 사람들의 관계입니다. 먹거리 안에서 관계를 건강하게 만들어가죠. 그리고 여기에 순환 경제의 세 번째 부분이 함께합니다. 바로 당신입니다. 우리들은 소비자가 되면서 작아졌어요. 뭔가를 주문하기만 합니다. 컴퓨터 자판을 두드리면서도 우리의 손은 뭔가 멋진 일을 할 수 있기를 바라고 있습니다. 이 손은 바느질을 할 수 있고, 수를 놓고, 뜨개질도 할 줄 압니다. 텃밭을 일굴 수도 있고요. 간디는 진정한 배움은 머리head와 가슴heart과 손hand을 함께 쓰는 가운데 일어난다고 했습니다. 그럼으로써 우리의 지성은 성장합니다. 순환경제는 모든 개인을 포용합니다. 우리가 갖고 있는 다양한 지성이 모든 차원에서 순환하는 거죠. 우리는 단지 데이터로 보여지는 소비자가 아닙니다. 우리는 지역공동체 안에서, 지구 가속늘 품에서, 그리고 우리 자신 안에서 활동하는 창조적인 인물들입니다.

마트에 가면 유명 브랜드에서 나온 유기농 식품이 많습니다. 이제 유기농이 수익성을 갖춘 구조가 됐다는 안도감이 들면서도 그 안에 소득 격차는 여전하겠다는 의문이 듭니다.

만약에 당신이 먹거리를 기르는 농부들과 아주 멀리 떨어져 있다면 거대 기업이 그 중간을 다시 차지할 겁니다. 그들은 자본을 가지고 있고, 대단한 브랜드도 있죠. 하지만 먹거리는 모든 곳에서 자랄 수 있어요. 도심에서도 기를 수 있습니다. 다른 제품들과 달리 식량은 우리가 반드시 섭취해야 하는 거고, 그래서 우리 주변에는 꼭 기르는 사람들이 있습니다. 먹는 사람과 기르는 사람이 연결되는 것이 순환 경제예요. 당신이 직접 텃밭을 돌보거나 농사 짓는 농부를 안다면 상표는 필요 없어요. 유명한 회사 이름이 필요 없죠. 당신이 생산자와 맺고 있거나, 당신이 당신 농사와 맺고 있는 그 관계가 브랜드입니다.

코로나19 위기 속에서 가장 인상적인 장면은 무엇인가요?

갠지스강이 맑게 흐릅니다. 돌고래가 올라왔고, 코끼리가 거기서 목욕해요. 코로나19는 우리에게 두 가지 배움을 줬습니다. '자연과 충돌하려 들면 어머니 자연은 숨어버린다.' '어머니 자연에게 마음을 활짝 열면 매우 빨리 돌아온다.' 어머니 자연은 재생하는 힘을 보여주고 있습니다. 코로나19 이후 무엇을 해야 할지 가르침을 주고 있어요. 우리 함께 이 수업을 귀담아 배워보아요. 그리고 말합시다. "자연과 함께하자. 전쟁을 계승하는 화학품들과 결연하자. 자연은 한 계절만으로도 스스로를 치유하는 힘이 있다!" 벌과 나비는 언제든 돌아올 수 있습니다. 나브다냐가 보여줬어요. 나브다냐의 들판에는 숲보다 여섯 배 많은 꽃가루받이들이 있습니다. 우리는 가슴을 활짝 열어젖히고 마음을 기울여, 우리가 자연의 일부라는 점을 깨달아야 해요. 그리고 어머니 자연에게 이렇게 말을 건네는 겁니다. "어머니 자연이여, 그동안 당신을 폭력적으로 대했습니다. 우리가 물러섰을 때 당신은 우리에게 돌아왔어요. 이제 우리는 당신과 함께 미래로 나아가겠습니다."

에고ego에서 에코eco로
속박에서 자유로

그 배움을 따르려면 인간은 어떤 역량을 발휘해야 하나요? 지능인가요, 마음인가요?

마음과 지능이 분리되어 있다는 사고는 서구에만 있습니다. 인도 철학에서는 의식을 기본으로 삼습니다. 이는 모든 것의 기본이기도 하죠. 인도 철학에서 마음은 뇌의 작용이 아닙니다. 우리 몸 전체에 마음이 있고, 마음은 더 큰 세상과 상호작용합니다. 왜냐하면 세상의 모든 존재는 의식을 가지고 있으니까요. 저는 식물과도 교감하는데, 그들도 나와 같은 의식이 있습니다. 곧 식물의 마음입니다. 그리고 인간의 지능에는 여러 차원이 있어요. 창의적인 지능이 있고, 감정적인 지능, 연민하는 지능이 있습니다. 지금 세상에는 인공지능이 있죠. 분석 방식들을 기계에 다운로드한 겁니다. 오늘날 우리는 분석 기계 학습을 지능의 유일한 종류로 다룹니다. 이는 잘못된 환원주의(다양한 현상을 기본적인 하나의 원리나 요인으로 설명하려는 경향)입니다. 그리고 우리는 기억을 갖고, 마침내 '에고'를 갖죠.

사람들은 에고에 사로잡혀 행동해서 세상에 해를 입힙니다. 코로나19 같은 감염병과 유전성 질환을 만들죠. 지금 이 위기를 이용해 더 많이 장악하려 하거나 더 많은 이익과 감시체계를 가지려 하는 자들은 오직 에고만을 갖고 있는 겁니다. 그들에게는 마음이 없어요. 지성도 없습니다. 에고란 가장 궁극적인 자기 중심적 사고이고, 스스로와 타인을 분리합니다. 탐욕이 한정 없이 자라게 하고요. 우리는 마음이 에고 속에 박히지 않도록 활짝 열어야 합니다. 지성이 복합적으로 자라도록 해야 해요. 제가 우리 아이들이 지성을 키우는 능력을 잃어버려서는 안 된다고 강조하는 이유죠. 지성은 흙과 함께할 때 발아해요. 흙 속에 손을 넣고 작업할 때, 모든 종류의 신경세포가 활동한다는 연구 결과가 있습니다. 신경세포 활동과 신경 활동이 뇌를 이성과 감성이 균형 있게 작용하는 '홀리스틱holistic'한 상태로 만듭니다. 이제는 탐욕으로 움직이는 자기 중심적인 세상egocentric world에서 나와 지구의 삶을 평화로이 영위하는 생태 중심 세상ecocentric world으로 나아가야 하지 않을까요?

자기 중심적인 세상에서 벗어날 수 있는 방법은 무얼까요?

서로 연결되어 있는 상호 존재라는 것을 깨닫는 겁니다. 마음은 홀로 고립되어 있지 않다는 것을 알아차리기 시작할 때, 순수한 본연의 상태가 됩니다. 그 속에서 우리 모두는 통합된 자아로 서로 연결되어 있고요.

저는 확장된 자아라는 표현을 쓰는데 통합된 자아가 더 역동적인 작용을 느끼게 하네요.

이를 알아차릴 때 비로소 우리는 '에고'에서 '에코'로 나아갈 수 있습니다. 굴종과 속박에서 벗어나 자유로 향하는 거예요.

흙을 만지면서요?

그래요. 흙을 만지면서요.(미소) 봉쇄가 끝나면 저는 돌아다니면서 사람들과 포옹할 겁니다. 만약에 포옹을 영원히 불법으로 만들어버린다면 저는 그 법을 어기겠어요. 칩코chipco 운동 알죠? 제가 처음 했던 운동이요.('칩코'는 힌두어로 '껴안다'라는 뜻이다. 반다나 시바는 1970년대 히말라야 우타르프라데시에서 지역 여성들과 함께 벌목에 반대하며 나무에 몸을 묶고 비폭력 저항 운동을 펼쳤다.) 마을 여성들과 함께 나무를 끌어안고 벌목하지 않도록 지켜냈죠. 저는 이제 사람들을 끌어안고 말할 거예요. "잡아갈 테면 잡아가라. 나는 인간의 포옹을 위험

하다고 여기는 정권에 맞서 시민 불복종을 하겠다. 타인과의
전쟁을 선포한 당신들의 전쟁에 맞서 인간다움을 지키는 우
리의 안전망을 세우겠다.”

반다나 시바의 끌어안겠다는 말은 어울려 살았기에 생존했던 인류
의 긴 역사를 되새기게 한다. 이 말은 코로나19 시대 이후에도 우리
는 여전히 이웃과 함께, 자연과 함께 공존을 모색해야 안녕할 수 있
다는 평범한 진리를 일깨운다.

혁신은 모두를 위한 이익에서 나온다

2020년 코로나19 위기를 안전하게 건널 징검다리를 놓고자 진행했던 이 기획은 2019년에 모색했던 "안희경의 보살핌의 경제로"와 맞닿는다. 2019년 1월 1일부터 석 달에 걸쳐 〈경향신문〉 신년 기획으로 진행했다. 우리 안에서 뭉크러져가는 불평등을 드러내고 그로 인한 고통을 줄이고자 4인의 석학과 대담했고, 영국과 미국을 중심으로 로컬 경제 현장을 취재했다. 2019년 하반기부터 경제 불평등을 더 깊이 조명해 이 기획을 심화하려고 했다. 그 과정에서 코로나19 사태를 맞이했다. 지구 전체가 충격에 휩싸인 만큼 나의 고민과 질문도 문명 전체를 포괄하는 방향으로 나아갈 수밖에 없었다. 큰 타격을 입은 우리 문명이 더 골 깊은 불평등으로 나아가지 않도록 방법을 찾고자 한 결과가 "오늘부터의 세계"다. 전 세계가 코로나19로 몸살을 앓던 2020년 5월 7일부터 총 8회에 걸쳐 〈경향신문〉에 연재했다. 책에는 지면의 한계 때문에 미처 다 담지 못한 석학의 말을 온전히 살려 실었다.

《오늘부터의 세계》를 통해 독자들에게 코로나19가 촉발한 위기를 해석할 포괄적인 시각을 선사하고자 했다. 세계화와 기후변화, 생태 문명, 새로운 거버넌스와 같은 지구적 차원의 통찰이 그것이다. 동시에 그러한 통찰로부터 우리 앞에 주어진 구체적인 선택지들을 도출하고자 노력했다. 새로운 에너지 인프라, 자원의 분배 방식, 국제적인 공조와 지역화 등의 해법이다. 석학들과 인터뷰를 하며 우리가 나아갈 방향을 선택하는 것도 중요하지만 세부 사항에 있어서도 고민의 끈을 놓아서는 안 된다는 것을 절감했다.

예를 들어 똑같이 기본 소득을 주장하더라도 내용과 실행 방식이 다를 수 있다. 나는 일곱 명의 석학과 대화를 나누며 2019년 경제학자 카를로타 페레스Carlota Perez와 나누었던 이야기가 머릿속에 맴돌았다. 혁신에 있어 권위자로 평가받는 페레스는 18세기 말 초기 자본주의부터 현재 일어나는 산업 인프라 재편까지 다섯 번의 기술 혁명이 확산되는 과정을 연구해왔고, 각각의 산업혁명 초기에 나타난 거품과 번영의 그림자 속에서 반복되는 불평등에 대해 탁월한 해석을 해왔다. 카를로타 페레스의 이론은 여러 경제학자들이 인용하고, 주요 국가들에서 정책으로 적용하고 있다.

이를테면 페레스는 코로나19로 비로소 자연스럽게 논의되기 시작한 기본 소득이라는 선택지를 일찌감치 권했다. 현재의 실업 급여 시스템은 대량생산 체제에서 평생직장이 보장되고, 실업이 단기적인 상태였던 시절에 만들어졌기에 오늘날 임시직 선호 경제(긱이코노미gig economy)를 포용하지 못하고 있다. 우버형 일자리, 0시간 계약,

자영업이 점점 더 늘어나면서 고용된 것도 아니고 실업도 아닌 모호한 상황에 처한 사람들이 늘어난 만큼, 페레스는 별도의 정책으로 이들을 보호해야 하며 그 대안 중 하나가 기본 소득이라고 했다. 페레스는 기본 소득으로 불평등을 없애지는 못할 테지만, 모든 시민이 최소한의 인격을 지키며 살도록 삶의 최저 수준을 올릴 수는 있다고 보았다. 단, 전제는 기존의 복지 체계를 흔들지 않는 상태에서다.

이는 장하준이 지난 2019년 나와의 인터뷰에서 강조했던 지점과 일맥상통한다. 그는 실리콘밸리 기업가들이 기본 소득을 지지하는 이유는 우파적인 사고와 닮았다고 지적했다. 기본 소득을 주는 대신 다른 복지는 모두 없애자는 주장이다. 장하준은 복지 대신 기본 소득을 주자는 방안에는 100퍼센트 반대한다. 기본 소득을 통해 사처분 소득을 늘리는 데는 찬성하지만 그 과정에서 기존의 복지 제도를 어떻게 바꿀 것인가의 문제에는 조심스럽게 접근해야 한다는 것이다. 이번 인터뷰에서 장하준은 복지의 '공동 구매' 성격을 강조했다. 세금은 국가가 개인 돈을 강탈하는 게 아니라 개인들이 공동의 자금을 형성하는 방식이다. 그렇다면 이 자금을 어떻게 쓸지 납세자가 자신의 의사를 표현할 권리가 있다고 말한다. 특히 교육, 보건을 민영화할 경우 비용이 오르고 해당 서비스를 제공하는 이들이 가난한 사람들을 차별하는 시장 논리를 적용할 수 있기에 납세자의 목소리가 더욱 중요하다. 이는 의료 복지에 있어서 사적 서비스나 사보험이 끼어들 때 국민 전체의 건강이 악화되고 불평등이 증가한다는 케이트 피킷의 진단과도 맞물린다.

코로나19 위기를 언급할 때마다 늘 따라다니는 '혁신'은 또 어떠한가. 구체적 내용 없이 당위로 부르짖는 혁신이 얼마나 공허한지 우리는 새삼 깨닫고 있다. 제러미 리프킨과 그린 뉴딜에 대해 이야기를 나누면서도 새로운 산업 인프라와 거대 IT 기업의 행보에 미심쩍은 눈길을 거두지 못했던 이유가 여기 있다. 그 성장이 또 어떤 소수에게 집중될 것인가 묻지 않을 수 없었다. 혁신을 공유와 분배의 관점에서 재해석했던 페레스의 관점은 여기서도 유용하다. 그는 먼저 '스마트 그린 성장'을 제안한다. '스마트 그린 성장'이란 자원을 덜 쓰는 성장 모델로, 대량생산보다 제품의 내구성을 높이고, 그 제품을 소유하는 대신 대여하도록 유도하며, 제품이 수명이 다할 때 제조회사가 직접 처리하도록 하는 대규모 임대 및 보수 산업을 중심으로 하는 순환 경제를 말한다. 유럽연합은 이미 일정 비율의 전기, 전자 제품에 대해 이 순환 모델을 적용하고 있으며, 이를 통해 자연스레 생산자와 소비자 사이 정보 소통이 일어나 관계가 밀접해지고 있다.

분배 역시 혁신이 될 수 있다. 페레스는 적극적인 세제 개편안으로 자산을 소유한 기간에 따라 증식된 자본에 대한 세금을 다르게 내도록 하는 방안을 제시한다. 현재 금융은 빈번한 거래 속에서 추측성 투자가 무수히 이뤄지고 있다. 하루 사이에도 초를 다투며 팔고 산다. 페레스는 이를 억제해야 한다고 강조했다. 하루 만들어낸 수익에는 자본 증가에 따른 세금을 90퍼센트 부과하고, 점차 세율을 낮추는 것이다. 5년이 지날 경우에 15퍼센트, 8년을 보유할 경우

3퍼센트만 부과한다면 장기 투자로 유인하며 경제를 안정적으로 끌고 갈 수 있다. 장기적인 투자가 국가 경제에 더 많은 이익을 만들어낸다는 데 이견을 제시할 사람은 없을 것이다. 이를 도입한다면 세제 변화를 통해 분배를 효율적으로 할 뿐 아니라 단기 효율 중심으로 운용되어 코로나19 위기에서 취약함을 드러낸 세계화 경제구조를 바꾸는 틀도 되리라 본다.

《오늘부터의 세계》기획을 마무리하며 질문의 출발점은 코로나19 위기라는 전대미문의 사건이었지만, 종착지는 그간 우리의 문명이 누적해온 모순과 갈등에 있다는 것이 더욱 확연해졌다. 그렇다면 지금의 선 세계석 위기에 제대로 대응하기 위해 우리에게 필요한 실문은 이런 것일지 모른다. 지금껏 이룩한 번영의 정체는 무엇이었나? 이제까지 거둔 성장의 결실은 어디에 있는가? 이를테면 우리는 번영은 오직 실제 생산물과 생산성만이 만들어낼 수 있다고 생각한다. 그리고 수수의 부를 만드는 활동이 실제로 다수의 이익을 가져오기에 자본주의가 정당하다고 생각한다. 하지만 석학들이 힘주어 이야기하는 건 실제로 우리의 경제가 그런 방식으로 작동하지 않았다는 것이다. 현실에서는 금융이 금융에 투자하거나 기업이 자기네 주식을 되사들임으로써 거대한 부를 증식하는 상황을 목도하고 있으며 시장은 홀로 다수의 이익을 만들 수 없다는 점을 확인하고 있다.

페레스는 "모든 혁명은 거대한 전환의 잠재력을 가지고 있고 황금시대로 가는 기회를 제공했다. 그러나 여기에는 조건이 붙는다.

많은 이들의 이익을 위해 사용될 때에만 그 잠재력이 발휘될 수 있다는 것이다"라고 말했다. 그러면서 정부와 기업과 사회가 함께 번성할 수 있는 포지티브섬 게임을 창조해야 한다고 말한다.

"만약에 위기가 오고 노동자들이 일터를 잃는다면 어떻게 될까요? 다달이 내야 하는 대출금을 감당하지 못할 겁니다. 차를 돌려줘야 하고 집 열쇠까지 빼앗기겠죠. 대혼란이 몰아칠 겁니다. 사회구조가 작동하지 못해요. 이는 대량생산을 하는 사업가들뿐 아니라 은행과 개발업자들에게도 위협입니다. 이때 국가가 만든 실업 급여가 바로 양쪽의 생명줄이 돼요. 과세율 높은 세금도 마찬가지입니다. 2차 세계대전 이후 아이젠하워 공화당 정부에서는 최상위층에 90퍼센트 세율을 부과했습니다. 기업 하는 사람과 부자들도 이 장치가 결국엔 자기들에게 혜택으로 돌아온다는 것을 알고 있었어요. 그 분배정책 덕에 대량 소비와 노동계층의 주택 구매가 증가할 거라는 걸요. 오늘날의 국가가 옛 영광을 되찾기 위해서 해야 할 일도 바로 이겁니다."

페레스가 이야기하는 포지티브섬 게임에서 기술 발전과 부의 분배는 서로가 서로를 독려하는 역할을 한다. 예를 들어 현재 미국에서 고용세payroll tax를 일시 감면하는 정책이 시행되고 있는데, 앞으로 적어도 고용을 줄이지 않도록 하기 위해 아예 고용세를 없애는 것도 방법일 수 있다. 대신 로봇에 세금을 부과하는 방안이 여러 나라에서 거론되고 있다. 페레스는 국가가 상상력을 발휘해 담대한 혁신자가 되어야 한다고 요구한다. 혁신의 원천이 창의력이라면, 이제 그 창의력을 '모두를 위한 이익'에 쏟아야 할 때가 아닐까?

우리 앞에는 이미 충분히 많은 선택지들이 놓여 있다. 다만 정치적 선택을 하지 않았을 뿐이다. 우리의 정치 대리인들은 외양간에 매인 소와 같다. 여물을 만들어 입에 넣어줘야 마지못해 씹어 삼킨다. 내일의 안전을 위한 선택은 결국 우리 손에 있다. 촛불을 들었던 피곤한 손을 끊임없이 혹사할 수밖에 없는 정치 구조다. 그런데 어쩌랴. 민주주의란 주인의 혹사 속에서 지켜질 수밖에 없는 것을. 그래도 다행인 건 주인들이 고생한 만큼 조금이나마 변할 수 있는 질서라는 것 아닐까? 오늘 당신의 선택에 희망을 걸고 싶다.

인터뷰를 허락해주신 제러미 리프킨, 원톄쥔, 장하준, 마사 누스바움, 케이트 피킷, 닉 보스트롬, 반다나 시바, 유발 하라리, 카를로타 페레스 아홉 분의 선생님께 마음 깊이 감사드립니다.

연재를 책임졌던 〈경향신문〉 김광호 문화부장, 도재기 기자께 감사의 마음 보냅니다. 무엇보다 〈경향신문〉이 쌓아놓은 신뢰가 있었기에 연재 기간 더욱 많은 분들과 함께 생각할 수 있었습니다.

함께해온 든든한 동료 임여원, Arahan Lim의 수고에 감사를 전합니다. 신문 연재 동안 지혜와 재능을 나눠준 방송작가 박창섭 선배, 늘 지원해주고 지혜를 나눠주는 정연순 변호사께 사랑의 마음 전합니다.

인터뷰 현장을 깊이 있게 전달해준 오소영, 안선영, 황채영, Adam Singsinthemountain, Paul Shields 사진 작가에게 감사드립니다.

추진력 있게 이끌어주신 메디치미디어 김현종 대표, 마음까지 보살펴준 신원제 팀장께 믿음과 고마움을 전합니다.

마음의 의지처인 이해인 수녀님, 도진 스님께 깊은 존경을 보내며 건강을 기원합니다. 늘 살펴주는 방송작가 이은경 선배, 그리고 주춤하지 않도록 힘을 주시는 남복순 이모님께 사랑을 전합니다.

코로나19 위기 속에서 긴장을 팽팽히 조이며 몰입하는 동안 더욱 그리웠던 아버지 안상환, 어머니 남길자 두 분의 믿음과 가르침을 오늘도 새깁니다.

가장 애쓴 남편 임석도에게 깊은 감사와 사랑을 전합니다. 아들 재선, 딸 홍경, 조카 안승덕, 정웅이 살아갈 미래는 모든 생명이 마음으로 연결된 세상이기를 바라며 사랑을 담아 아이들에게 이 책을 바칩니다.

사진 출처

오늘부터의 세계
세계 석학 7인에게
코로나 이후
인류의 미래를 묻다

제러미 리프킨 외 인터뷰
안희경 지음

ⓒ 안희경, 2020

초판 1쇄 2020년 07월 16일 발행

ISBN 979-11-5706-201-0 (03300)

만든사람들

기획편집	신원제
편집도움	우하경
디자인	조주희
마케팅	김성현 김규리
인쇄	한영문화사

펴낸이	김현종
펴낸곳	(주)메디치미디어
경영지원	전선정 김유라
등록일	2008년 8월 20일 제300-2008-76호
주소	서울시 종로구 사직로 9길 22 2층
전화	02-735-3308
팩스	02-735-3309
이메일	medici@medicimedia.co.kr
페이스북	facebook.com/medicimedia
인스타그램	@medicimedia
홈페이지	www.medicimedia.co.kr

이 도서의 국립중앙도서관 출판예정도서목록(CIP)은
서지정보유통지원시스템 홈페이지(http://seoji.nl.go.kr)와
국가자료종합목록시스템(http://www.nl.go.kr/kolisnet)에서
이용하실 수 있습니다. (CIP제어번호: CIP2020027608)

마사 누스바움Martha C. Nussbaum

세계적으로 저명한 법철학자, 정치철학자, 윤리학자이자 고전학자, 여성학자. GDP가 아닌 인간의 행복에 주목하는 '역량 이론'을 창시했고 그의 이론은 유엔이 매년 발표하는 인간개발지수(HDI)의 바탕이 되었다. 하버드대학교 철학과와 고전학과 석좌 교수, 브라운대학교 석좌 교수를 거쳐 현재 시카고대학교 철학과, 로스쿨, 신학교에서 법학, 윤리학 석좌 교수로 있다. 저서로는《시적 정의》《인간성 수업》《혐오와 수치심》《감정의 격동》《혐오에서 인류애로》《정치적 감정》《역량의 창조》《지혜롭게 나이 든다는 것》등 다수가 있다.

케이트 피킷Kate Pickett

영국 요크대학교 역학과 교수. 2009년 리처드 윌킨슨과 함께 쓴《평등이 답이다》가 〈뉴스테이츠먼〉 선정 지난 10년간 출간된 책 열 권 목록에, 그해 국제정치학회 선정 최고의 책에 꼽혔다. 신자유주의 경제 구도 속에서 지속 가능한 성장과 평등을 위한 연구를 지원하고 모든 정보를 공개하는 공익 재단 이퀄리티 트러스트The Equality Trust의 공동 창시자다. 2013년 평등 수호를 위한 연대의 공을 인정받아 실버로즈상을, 2014년 아일랜드암학회로부터 찰스컬리 기념 메달을 수상했다. 최근작으로《불평등 트라우마》가 있다.

닉 보스트롬Nick Bostrom

영국 옥스퍼드대학교 철학과 교수이자 동 대학교 인류미래연구소 소장. 미래 기술의 영향에 대한 프로그램을 발족시킨 창립 센터장이자 전략적인공지능연구센터 센터장도 맡고 있다. 철학뿐 아니라 물리학, 계산신경과학, 수리논리학 등 다방면의 분야에 지적 기반을 두고 있다. 2009년 철학과 수학, 자연과학, 인문학 분야에서 매해 한 명을 선정해 수여하는 개논상을 받았으며, 미국 〈포린폴리시〉 선정 '세계의 지성 100인'에 두 차례에 걸쳐 뽑혔고, 영국 〈프로스펙트〉 선정 '2014년 세계 사상가'에 분석철학가로 이름을 올렸다. 대표 저서로《슈퍼인텔리전스》가 있다.